JN101280

# 経済学の認識論

## 理論は歴史の娘である

ロベール・ボワイエ

山田鋭夫訳

藤原書店

Robert Boyer

**UNE DISCIPLINE SANS RÉFLEXIVITÉ PEUT-ELLE ÊTRE UNE SCIENCE ?**

Épistémologie de l'économie

©Éditions de la Sorbonne, Paris, 2021

This book is published in Japan by arrangement with Éditions de la Sorbonne, through le Bureau des Copyrights Français, Tokyo.

# 経済学の認識論

目次

## 第5章　形式的整合性は経験的適合性を保証するものではない



## 第6章　経済学界の構造化と専門職業化が研究戦略を形づくる

## 第7章 再帰的反省への現代的転換は経済学という学問を救いうるか



## 第8章 理論は歴史の娘である
### ――経済学という学問の弱点を暴き出した新型コロナ――

# 経済学の認識論

理論は歴史の娘である

## 凡例

一　原文における強調のイタリック体は、訳文では傍点を付した。

二　訳者による補足は、〔　〕で示した。

三　訳者による注は、該当の語の右に（1）、（2）、……を付し、原則として見開き頁の左側においた。

# まえがき

このいささか野心的なタイトル〔原題は「再帰的反省なき学問は科学たりうるか――経済学の認識論」〕には、ある試みが隠されている。その試みが目指すところは、とりわけ、一九七〇年から二〇〇〇年にかけて絶えることなく、あるアクターがマクロ経済理論とその経済政策の展開によってわれわれを驚かせたのだが、そのアクターについて共に反省してみることにある。本書はこれについて、その知の歩みをたどっていく。本書は経済学という学問分野の変容を説明するために、いくつか結び合った諸要因を分析する。本書はまたいかなる形においても、制度的歴史的マクロ経済学をひたすら高唱しようとするものではない。二〇〇八年の大危機は二〇二〇年の新型コロナウイルス感染症の突発によってさらに深められたのだが、これを経験した後にあっては、制度的歴史的マクロ経済学は、マクロ経済学者の困惑に対する数ある回答の一つでしかなくなったからである。

「もし誰かが『科学はわれわれに……ということを教える』と言ったなら、その人は科学という語を正しく使ってはいない。科学はわれわれに何事も教えはしない。われわれに何事かを教えるのは経験なのだ」

リチャード・P・ファインマン

Richard Phillips FEYNMAN, *La Nature de la physique*, 1980.

「科学は、間違い、失敗、不本意な驚きによって現実を凝視せざるをえなくなった時から生まれる」

ルネ・トム

René THOM, *Modèles mathématiques de la morphogénèse*, 1980.

「普遍的世界なるものは、エリートが科学や経済の実験室のなかで発見すべきものではない。それは皆が苦労しながら作り上げるべきものである」

パブロ・ジェンセン

Pablo JENSEN, *Pourquoi la société ne se laisse pas mettre en équations*, 2018.

# 序説

その昔、二〇〇〇年代半ば、高名な経済学者らが自分たちの学問分野《ディシプリン》は前例ないほどの成熟度に達したと主張していた時代があった。マクロ経済理論のミクロ経済的基礎の研究によって、新しい《ニュー》古典派経済学(1)の論者とニューケインジアン(2)との論争は平和裡におさまった。こうした総合は、いまや各国中央銀行のコントロールのもと、景気循環の制御やインフレの克服に貢献したのだとされた（Blanchard 2017, 2018）。計量経済学の技術が発展しビッグデータが利用できるようになったので、研究者はあら

(1) **新しい古典派経済学**　自然失業率仮説や合理的期待形成仮説などを骨子として一九七〇年代に生まれた経済学で、市場経済の自動安定性を強調する。新古典派《ネオ》経済学とはひとまず区別される。

(2) **ニューケインジアン**　マネタリズムや新しい古典派の考え方を一部取り入れつつも、ケインズ派的な「賃金の硬直性」などを指摘して、政府政策の有効性を主張する学派。なお、原語は néokeynésiens（ネオケインジアン）であるが、文脈から判断して「ニューケインジアン」とした。

ゆる経済活動領域においてその能力を発揮しうるようになり、こうして彼らには広範な雇用や報酬の道が開かれた（Fourcade, Ollion et Algan 2015）。このとき経済学の職業集団《プロフェッション》は、多数の概念（合理性、均衡）や方法（ゲーム理論、計量経済学）を、社会学、政治学、地理学、経済史に向かって輸出していた。経済学という学問分野は、多数の社会諸科学における科学性の参照基準となっていった。あげくの果て、優秀な数学者や統計物理学者たちはリスク／リターンの裁定を制御する方法を生みだしたのだと思い込むに至った。それによって新しい金融手段を創造し、自らの市場報酬を爆発的に増加させたのだが、それでも彼らは経済の安定を信じていた。

やがてアメリカの金融システムが麻痺したこと〔二〇〇八年の世界金融危機〕によって、一九二九年なみに激烈な不況のリスクが再来したが、このことはアクターたちを茫然自失させ、政府や市民の側から経済学者に対する疑念を引き起こした。なぜあなた方はこんな大事件が来るのを予見できなかったのか、と。英国女王に対してなされた、二〇〇九年のブリティッシュ・アカデミーの困惑した回答が、それをよく物語っている。

誰もが自分の仕事を精一杯うまくこなしているように見えた。そして、標準的な成功の尺度によれば、皆が大いにベストを尽くしていた。……失敗は、それが全体として合算されてどのように結合しあいアンバランスに陥ってしまうかを見通すことができなかった点にある。そのアンバランスを管轄できる単一の権威機関など、何ひとつ存在しなかった。……われわれに必要なのは、人びとがごくオープンな形で集まって、これに立ち向かい議論しあうようなフォーラムだ。
（Besley et Hennessy 2009: 2）

本書が提示するのはある経済学者〔著者自身〕の反省である。その経済学者は、財務省のなかで、経済政策の策定に資するようなマクロ計量経済モデルの構築に携わることから、自らのキャリアを開始した。その仕事がほとんど終わりかけた頃、そのモデルは一九七三年と一九七九年の石油ショックによって露わになった断絶を説明できないことが判明した。そこからある研究プログラムが生まれたのだが、それはレギュラシオン理論にインスパイアされた歴史的制度的マクロ経済学というプログラムであった。本書はこうした観点から、マクロ経済学の各種潮流の展開を分析することにする。マクロ経済学の諸潮流が社会の変容についてあまり理解しておらず、ますます深刻になる危機の反復を予想しえないということを、どのように説明するか。

私が擁護したいのは、こうした欠陥が証しているのは偶然とか瑣末な難点とかでなく、経済学者という職業集団——それはまことに多様な研究プログラムが並行するのを促進してきた——の組織そのものに由来しているという考えである。全員が内心では経済的安定に賛同する気持ちをもっていながら、彼らは相互に意見交換しない。だからエミール・デュルケームの言葉を借りるならば、専門分化は研究者間分業を危険なアノミー〔無規制状態〕へと導き、経済学という学問を——経済学者があれほどこだわった——科学という地位から引き離してしまう。個人レベルでも集団レベルでも、再帰的反省《レフレクシビテ》(3)という辛抱強い努力のみが、経済学という学問の信頼性を回復させうるように思われる。

課題はあまりに大きいので、経済学研究をつくりあげている諸力を分析し素描しようというこの小論の枠内でこれを行うのは、ほとんど不可能である。だからとりあえず、現代における経済分析を、政治経済学の生誕との関係のなかへ置き直してみるのも無駄ではなかろう。思想史を急ぎ足で一巡することによって、時代の問題に対してアナリストはどれだけ回答しえたのか、その結果また、アナリストは時にぼんやりとしたまま、社会経済レジームのビジョン、概念化、プロセスの解明――これは最終的に理論と呼ばれる――といったことを混同していないかという点について、強調しておきたい。加えて信条やイデオロギーも介在してくるので、分析が複雑になる。こうした発見の歴史から導かれる理論化に向けての仮説は、当然ながら、各種レジームが継起していくという仮説であって、時空を超越する構築物という仮説ではない（**第1章**）。

これと対照的に、今日の研究者たちは「理論」という用語を明らかに誤用している。この用語は、ある時は効果を（実質キャッシュフロー効果といったように）、ある時は特定のメカニズムを（例えば公共支出乗数）、また時には興味の対象さえをも（取引費用といったように）指しているが、しかし、ある経済システムが再生産され時間的に変容していくあり方を指してはいない。こうして研究者たちは専門職業《プロフェッション》の細分化のなかに組み込まれ、多様な相互依存関係――これが商業社会や資本主義社会およびその危機の核心にある――のない孤立集団をつくっている。こうして研究者たちは学的な報酬を得ている（**第2章**）。

実際、学術のシステムは、その組織自体のなかでも、きちんと定められた主題や問題構成に対して専門別特化を必要とする。革新者たちが前例なき新しい分野を開く。彼らは多くの追従者たちを引き寄せ、後者は当初の開拓的進歩のもっている意味を押し進めていき、遂には、あまり知的貢献のない反復的結果という平凡事に至りつく。分析ツールが専門化しているので、分析プログラムに一定の惰性が生まれ、あるパラダイムの研究者と他のそれとの対話はめったになされなくなる。一九八〇年代以来、新しい問題構成と新しい方法をもった二つの大波によって、学術的専門化の道への依存がさらに深まった。いかなる調整原理もその関係を統御しえていない。そしてこれは、経済学者たちの分業がもたらすアノミーのもうひとつの源泉なのである。つまり、中心的な問い——しかも時にはこの学問の基礎でさえあるもの——が問題含みであるというのに、しかしそれが真剣に取り上げられたことはめったにないのである（**第3章**）。

ケインズ『一般理論』以来のマクロ経済学の歴史が示すところによれば、それは、経済学の学問的基礎との整合性《コエランス》と、とりわけ大危機の時に観察された事実との適合性《ペルティナンス》という、二重の要請のもとで深化してきた。非自発的失業の永続や、個人レベルと国民経済レベルの混同のうえに立つ危機脱出戦略の失敗を説明するために、ジョン・メイナード・ケインズは理論の基にあるいくつかの仮説を再検討

---

（3）**再帰的反省**　研究対象に対する研究主体の立場を客観的に反省すること。詳しくは巻末の「訳者による解説とあとがき」を参照。

に付した。だから、戦後レジームの枯渇とこれに続く危機が、なぜ、ケインズ政策の失敗はミクロ経済学的基礎の欠如のせいだといった手合いの研究プログラム〔「マクロ経済学のミクロ経済学的基礎づけ」と呼ばれている〕に有利に作用したかを説明することが重要となる。というのは、ミクロ経済学的基礎の議論は、三つの前提――代表的主体《エージェント》の存在、行動と期待の合理性という仮説、そしてとりわけ、およそ公的介入なしでも構造的に安定的な均衡が存在すること――に忠実なのであるが、その三つの前提を忠実に守れば、危機はありえないことになる。たとえそれが突然かつ説明不能な生産性ショックとか、金融業者に対する信頼の喪失とかでなくても、危機はありえないのだという。動学的確率的一般均衡モデル[4]（EGDS、英語ではDSGE）が支配的になったということは、二〇〇八年以降繰り広げられている異例の軌道について、マクロ経済学者が仰天し理解不能になったことと関係している。一世紀にわたる正統派的伝統に反して、中央銀行家は不良金融資産を買い取ったが、けれども、名目利子率をゼロかマイナスにまでしても以前の成長経路を見つけ出すに至っていない。経済は理論上「ありえない」圏域に突入したのである（**第4章**）。

そこから本書の中心的テーマが浮かびあがる。すなわち、ある学問分野が科学という高尚な称号に値するのは、ひとえにそれが自らの基礎に対して整合性があり、かつその各種教訓が観察事実と適合的であるという、二つの参照基準がうまく両立しうる時に限られる。古典派理論とニューケインジアン理論の新しい総合が見事に失敗したのは、ミクロ理論とマクロ経済学の再統一を優先させるという点と関係がある。もっと一般的にいえば、厳密性とモデル化を同一視するという至上命令によって、アドホックな技術的仮説（代替可能性、可逆性、均衡の安定性、行動と期待の合理性）が特権化され、この仮説によって分析上の解決が可能となり、経済政策上の諸問題に――できれば唯一の――解答が可能となる、とされたのである。こうしてモデル考案者はますます観察結果から遠ざかり、いちばん重要な定型化された事実（非自発的失業の可能性、不況の発生、金融制度と経済的ダイナミクスの相互依存性、根本的不確実性に直面しての期待の混乱）を説明できなくなってしまったことがわかった。こうした難問への対応として、統計的実験的技術に立脚した方法論的逆転が登場し、それによって有効な因果関係が証明されるようになった。この技術は、もはや一般理論の名で公準化されるのではなく、アクターたちの実践を観察することから引き出される。それはある深く長い危機の徴候であって、この危機はあらゆる研究領域のなかに回りこんで浸透している。この学問分野の共通の基礎とは何だろうか（**第5章**）。

こうした現状証明の説明は、経済学者の仕事が変化してしまったということのなかに探られるべきである。つまり経済学者は、最初、政治経済学の生誕期には高級文化を身につけたインテリであり、次いで戦間期にはエリート学者クラブの一員であったが、やがて、社会の各種セクターのうちにどっ

（4）**動学的確率的一般均衡モデル**　Dynamic stochastic general equilibrium model. 実物的景気循環論など、ミクロ的基礎づけをもつマクロ経済学のモデルをニューケインジアンの立場から発展させたもので、特殊な仮定のもと、異時点間変化の動学分析を行うモデル。

ぷりつかっているアクターたちの要求に応える教育者、研究者、さらにはエキスパートとなった。だから、経済学者が社会のうちにどう編入されているかは大きく変化したのであり、この編入のあり方によって現代の二重性が説明できる。一方の理論家はもはや超少数派でしかない。というのは、理論家は応用経済学者の大海のなかに埋め込まれており、この応用経済学者の目指すところは必ずしも科学的な前進ではなく、私的行為者であれ公的権力であれ、その意思決定に有用な知を生みだすことにあるからである。分業に関するエミール・デュルケームの分析に従うならば、この職業のアノミーを説明するものは、それが経済諸現象についての社会科学を構築しようとするかぎり、研究者たちの無数の共同体《コミュニティ》のダイナミズムと断片化である。そこから利益相反の可能性が生まれる。例えば、金融数学者たちが開発したオプション理論(5)はとんでもない間違いであることが判明したかもしれないが、ウォールストリートやロンドン・シティのトレーダーや金融機関の財産形成を可能にした。他方、マクロ経済学者はといえば、彼らは職業柄、君主の助言者になるのであって、これによって彼らの課題はさらに複雑になる。というのも、このことは勧告の規範性を強める可能性があるからである。つまり、経済政策の意思決定に影響を及ぼしたいという意欲が厳密な分析に勝ってしまうのであり、この点はアメリカの経済政策における各種エピソードが証しているとおりである。経済学者が現代社会にこのように埋め込まれているがゆえに、科学的真理とまで言わなくても厳密性が犠牲にされるというのは、きわめてよくあることだ（**第6章**）。

このような事態は、経済学という学問の認識論的困難性に内在的なことなのか、それとも、経済学の専門職業化がとる形式と関係していて、それゆえ不可避のことなのか。若干の希望がないわけではない。というのも、ある独自な動きが現れてきたからである。例えば、ノーベル経済学賞委員会によって認められたさまざまな俊英たちは、再帰的反省の原理に立脚した新しい研究プログラムを提起したのである。そこでは、アカデミズム界の構造化——当面の場合、ジャーナルの組織化や序列、教育者の募集様式、計量書誌学《ビブリオメトリクス》〔研究業績評価法の一つ〕の役割、熟考すべき貢献としての著作への認識不足、そしてその他の諸要因——がどのようにして、本質的に技術屋を生みだすインセンティブ・システムを作りあげてしまうのかを分析するように、と提案されている。方法の研究が優っているので、知識人や概念創造者はごく稀な存在となる。その結果、整合性と適合性を両立させうる経済理論のための基地——堅固な核《ハードコア》——を再建することは困難となる。このような再帰的反省の努力は自然科学ではなされているのだが、その努力が明確なものとなって、学術研究の構図が徐々に再編されていくことは可能であろうか。この課題の大きさを過小評価することはできなかろう。それほどに、経済学者の地位や職業的に編入される様式はまちまちなのである。各種の議論や問題関心を突き合わせるようなオープンなフォーラムでも開かれれば、われわれの知識の欠陥が克服されうるだろう。それによって必ずや、将来の金融的、経済的、あるいは保健衛生的、エコロジー的な大危機が白日のもとにさらけ

（5）**オプション理論**　オプション（証券の選択権付き取引）のプレミアム（権利の購入代金）の理論値を導く理論。ブラック＝ショールズ・モデルが有名。

出されることだろう（第7章）。

この最後のことはまさに、二〇二〇年に突発した事件とともに現実となった。これは新しい現象であって、この現象が動因となって政治経済学の新しい前進が引き起こされたことが想起される。ところで、新型コロナのパンデミックは、経済学者たちと彼らが観察する社会との関係において、ある道標を刻印することになろう。突如として、多分に暗黙的な諸仮説が無効だったことがわかり、そこから、遭遇した政治的経済的諸問題というハイレベルでの研究プログラムの必要性が浮かび上がってきた。あらゆる国民経済は相互依存的になったのであり、このことは、マクロ経済学の起源にあった「方法論的ナショナリズム」を相対化していくにちがいない。気候であれパンデミックであれ、自然界との相互作用が多種多様になったので、自然科学との位置取りが再考される必要がある。パンデミックが引き起こした危機からの脱出条件を分析するためには、適切なモデルを作成するに当たって、セクターごとに大きな異質性があり社会的に多様だということを考慮する必要があるのではなかろうか。マクロ経済的規則性が断ち切られ、また、新型コロナの制御可能性や非伝統的な金融財政政策の影響に関して根本的不確実性が支配している時にあって、合理的期待形成仮説[6]をどのように置き換えるべきか。保健衛生的および経済的な各種戦略にかかわる試行錯誤の時期が終わった後、政策立案者は消費者、労働者、投資家の信頼をどのようにして取り戻しうるか。ポストコロナの社会経済レジームの登場に応えるために必要な制度と組織をどうしたら出現させうるか、わかるだろうか（第8章）。

結論では、以上の研究から得られる教訓が要約され、その教訓を新しい研究プログラムへと転換させていくような提案がなされる。

（6）**合理的期待形成仮説または合理的期待理論**　もし人びとが合理的ならば、情報を最大限に利用することによって平均的には正しい予想を下すはずだと考え、ケインズ的裁量政策の無効性を主張する理論。代表的論客はルーカス。

# 第1章

# 概念や方法をはっきりさせるとき

経済学者が今日突きあたっている難問の性質をよりよく理解する手助けとして、手短かに思想史を振り返ってみるのがよかろう。

## 1　ビジョン、理論、モデル、メカニズム

経済思想の歴史について伝統的には、それは学問における間違いを是正していく歩みを明らかにし、経済現象について一段と正確な表象を提供する各種メカニズムについて、その組合せを明らかにすることだと考えられている（Blaug 1998）。現代のほとんどの研究者はこうした観点を採用しがちである。つまり、この学問は完成にはほど遠いが、しかし科学性に向かって進歩しつつあるのだ、と（Autume et Cartelier 1995）。しかしながら、これとは別の分析もあり、そこで強調されているのは、社会の進化、経済学者による理解の努力、政治権力に提起された問題の解明、開かれた選択肢の間の関係といったことである（Schumpeter 1954）。この二つの考え方によって定義された経済とは、一方は市場経済としての経済であり、他方は資本主義としての経済である。両者の相違は、経済的構図の歴史性を考慮するか否かにかかわっている（Heilbroner 1988）。

政治経済学における分析的努力の出発点にはいつも、アクターは誰であり、アクターがかかわる諸関係は何であるかを明示するような、あるビジョンが存在している。偉大な思想家たちの創設的な仕事とはそういうものであり、これを出発点として、思想家たちはいくつかのメカニズムを明らかにし、

場合によっては、各種メカニズムの発見を可能ならしめた、その社会経済レジームを超え出ることができた。後から振り返ってみて、後世がこれら諸メカニズムに理論という高貴な形容語を与えたわけだが、それは決して誰もが納得することではない。これとは反対に、経済学者のなかにはもっと慎ましやかな人もいて、彼らの主張する考えによれば、科学性とは自ら扱おうとする問題に適したモデルの作成を通して保証されるのだという（Rodrik 2017）。そこから、普遍的なグランドセオリー〔大理論〕よ、さらば、ということになる。

この点で、激しい学的競争に身を浸している現代の研究者たちは、自分たちの成果を最大限に価値あるものにしようとし、それゆえその成果に高度な一般性を与えようとする。例えば、組織の分析枠組みとしての取引費用《コスト》(1)の存在といった、ある特定のメカニズムの発見は（Ménard et Shirley 2018）、ここでは、経済学という学問の考え方を変化させた思想家の系譜に属するものだとして示されることになる。だがこれは、注意深く検討すれば正当にも否定される（Boyer 2019）。経済学者の貢献を序列化するに際しては、もっと大きな厳密さがあったなら歓迎されるかもしれない。メカニズムや規則性を明らかにしても、それは必ずしもつねに新しいビジョンに至りつくとは限らないし、ましてしっかりとした理論に至りつくわけではないからである。加えて、経済学者の知的連帯がもっと用心深いものに

（1）**取引費用**　購入商品の下調べ、契約締結、手数料など経済取引を行う際にかかる費用。これが過大になると、市場取引よりも組織（企業）の形成が選択されるという。

なってくるならば、そのときには、政策立案者や世論の側の失望――あれほど科学性を誇っているのにどうしてこんな間違いを犯すのかといった失望――はもっと少なくなってこよう。実際、この経済学という学問分野は不完全かつ未完成であり、危機といったようないくつかの現象を解明しそこなっている（British Academy 2009）。

## 2　不断に進化する学問

次々と現れた主要な分析システムを大ざっぱに特徴づけてみると、理論家は自ら属する時代や社会との関係に依存しているという仮説が示唆される（表1―1）。

・それら諸理論が対象とする行為主体《エージェント》は、商品関係に促迫されて不断に変容する社会構造から抽出されている。地主と農民、次いで産業家と労働者、資本家と賃労働者、企業家・銀行家・金融業者といった具合に。

・概念の考案は、経済的調節のダイナミクスを作りなす各社会形成の特殊性を考慮することから生まれる。例えば、経済循環、課税ベースとしての富の生産、所得分配と成長、生産様式、革新者としての企業家《アントルプルヌール》、有効需要と非自発的な不完全雇用など、数々の概念は、それぞれの時代における経済学者たちが知的に適応したことを表している。

表 1–1　政治経済学の変容についての概観

| パラダイム／構成要素 | 重農主義者 | 重商主義者 | 古典派 | マルクス | ワルラス | シュンペーター | ケインズ | 新しい古典派 |
|---|---|---|---|---|---|---|---|---|
| ビジョン | 地主と農民の経済 | 一国は国際貨幣流通のうちにある | 地主<br>産業家<br>賃労働者 | 賃金経済における資本家間の競争 | 価格システムによって相互依存しあう企業と消費者 | イノベーションによって競争しあう諸企業 | 貨幣的生産経済における投資家の不確実性 | 外来性ショックを前にした合理的経済主体 |
| 理　論 | 生産・税制 | 貨幣的にみた国際収支 | 社会諸階級間の所得分配 | 価値<br>価格<br>経済のダイナミクス | 一般均衡 | 技術的・組織的変化のダイナミクス | 有効需要<br>非自発的な不完全雇用 | 合理的期待による通時的調節 |
| 基本概念 | 経済循環 | 国家と経済 | 利潤<br>地代<br>賃金 | 生産様式<br>階級闘争 | 利潤<br>効用<br>選好 | イノベーション／イミテーションのセット | 投資<br>流動性<br>金融の慣習的行動 | 企業および消費者の最適化 |
| メカニズム／効果／プロセス | 剰余の起源は土地の生産性にある | 暗黙的ながら貨幣の需要と供給 | 限界生産性逓減の仮説 | 矛盾<br>蓄積<br>恐慌 | 価格への合理的反応 | 選別と学習による調節 | 不完全雇用状態における公共支出の乗数効果 | 市場経済の構造的安定性の仮説 |

・それゆえ理論化は多分に不連続的なものであって、各種の社会経済レジームが存在していることに対応して、それと同じくらい存在するのである。社会経済レジームは封建制の終焉から資本主義的展開の諸局面にまでまたがっている。つまり最初に商業的レジーム、次いで産業的レジーム、最後に金融的レジームといった具合に、である。加えて、資本主義は政治的国境を越えて対外進出していくので、一国的アプローチの妥当性がつねに問題視され、世界-経済《エコノミー-モンド》論という問題設定が優位となってきた。

・この学問の名前が変化してきたのも驚くに当たらない。三世紀の流れのなかで、この学問の野望が明らかになってきたからである。政治経済学 économie politique という名は（法、歴史、政治の）統合的なアプローチだと考えられていたが、他方、経済分析 analyse économique という名は――物理学に触発された新しい数学的用具を使って分析した――経済分野を囲い込むことによって、政治経済学からの断絶を表している（Samuelson 1947）。一九七〇年代以降、この学問は学術世界のなかで「経済科学」science économique として立ち現れ、自らを社会科学の他の諸分野とは区別し分離するに至った。こういった全体像のなかである例外が存在する。すなわち、レオン・ワルラスが初めて、今日におけるほとんどの研究の基礎にある標準的ビジョンを提起した。経済は相互依存的な諸市場――製品市場、労働市場、資本市場――の総体から形成されているが、それは、構造的に安定的だとされる一般均衡を保証しうる価格体系を通してなされる、というわけである。

ケインズはといえば、戦間期資本主義に特有の諸特徴——投資家の将来への見方とか、名目賃金の維持を要求しうる賃労働者の力とかによって動かされる経済——のなかに自らの分析を定位させるという伝統を固持した。にもかかわらず一九七〇年代、インフレをはじめとする緊張が高まったことによって、逆説的にも、市場経済とは何であるべきかについての非歴史的な考え方が急速に再確認されることになった（第4章参照）。

## 3　超歴史的な経済法則という幻想

新しい古典派《ニュー》経済学が想定するところによれば、ある市場経済に属するという事実は、制度的、法的、政治的な文脈などにまったく関係のない一般的な属性を意味しているとされる。この仮説は、観察事実の総体によってはまったく立証されえない。

・経済学における「発見」の歴史は、特定のレジームのメカニズムや規則性を明らかにすることとかかわっている（前掲の**表1—1**）。そのメカニズムや規則性は、場合によっては、他のレジームでも見られることがあるが、時と所によって異なった組合せにおいてである（Boyer 2007）。

・「経済の諸法則」（Berthoud, Delmas et Demals 2007）を説明する試みは、あまり成功したためしがない。というのも、検証されていようといまいと、以下のような単純な仮説が並列されているからである。生産要素の限界収益逓減－同義反復－需要供給法則－格言－悪貨は良貨を駆逐する－あるいは経済構造が変化すると無効になる予測－インフレはつねにどこでも貨幣的現象である……貨幣が金融投機に注ぎこまれるときを除いて。

・重要なのは、たいていの規則性は一時的な性格のものだと認識することだ。規則性はそれが観察されるや否や、アクターたちはこれを捕捉し、自らの行為を適応させ、こうして規則性は消滅し、経済レジームの終焉が示されることがある（Robinson 1974）。

このようにして、一九九〇年代以降に優勢になった新しい古典派マクロ経済学は、次の二つのことを同時になそうとした。すなわち、理念型的モデルを――モデルの規定を混同するものではあろうと――応用モデルに転換する試みと、三世紀にわたる思想史が示唆する別の戦略との断絶と、である。問いはむしろこう立てられてよかろう。つまり、経済の変容とはどういうことなのか、と。これはケインズ的分析が考慮しなかったことであり、新しい理論化の出発点として役立つはずである。

## 4　グランドセオリーか社会経済レジームの分析か

仮に一般理論というものが、商業資本主義の出現以来観察された事実の総体を現実に説明する力をもっているとするならば、多数の定型化された事実をごく少数の基礎的仮説でもって説明するという、吝嗇《パルシモニー》の原理が重きをなすことになる。そうなれば、各種レジームが描写されたとしても、それは経済学という学問にとって大して興味のわかない魂を付け加えるにすぎなくなるだろう。これとは別の選択肢は明らかに、前科学的な描写と、たんに応用されるにすぎない一般理論との間には存在しない。重要なのはむしろ、まさに一定の時間と空間のうちに位置する、分析対象としての経済に応じて組み直しうる観念・概念・方法を発展させることである。

この点、経済学者の仕事のさまざまな構成要素を振り返ってみるだけで十分だろう。その一つは、なるほど部分的ではあるが、国内的・国際的規模で過去ないし現在の各種文脈のうちに見いだされるような、メカニズムやプロセスに光を当てている。他方、グランドセオリー化の方は、経済政策を含む数多くの学術論争の土台をなしてはいるが、しかし、社会や経済情勢の構図いかんで活用されたりされなかったりする部分的メカニズムを提起するにすぎない。だから経済学者の仕事は、分析枠組みと対象とする経済の特徴づけとの間の最良の適合性を探究することにある（図1―1）。

・万人の万人に対する競争が支配する社会では、マルクス主義的分析が妥当性を発揮する。経済権力が賃労働者に不利な方向に傾いているだけに、なおさらそうである（Artus 2020b）。
・反対に、賃労働者が組織・制度・民主主義的政治体制に編入されると、ケインズにおなじみのビジョンやメカニズムが現実味を帯びてくる。レギュラシオン理論に刺激を受けた研究者たちは、こういう形でケインズ主義の成功を解釈した（Boyer 2015）。

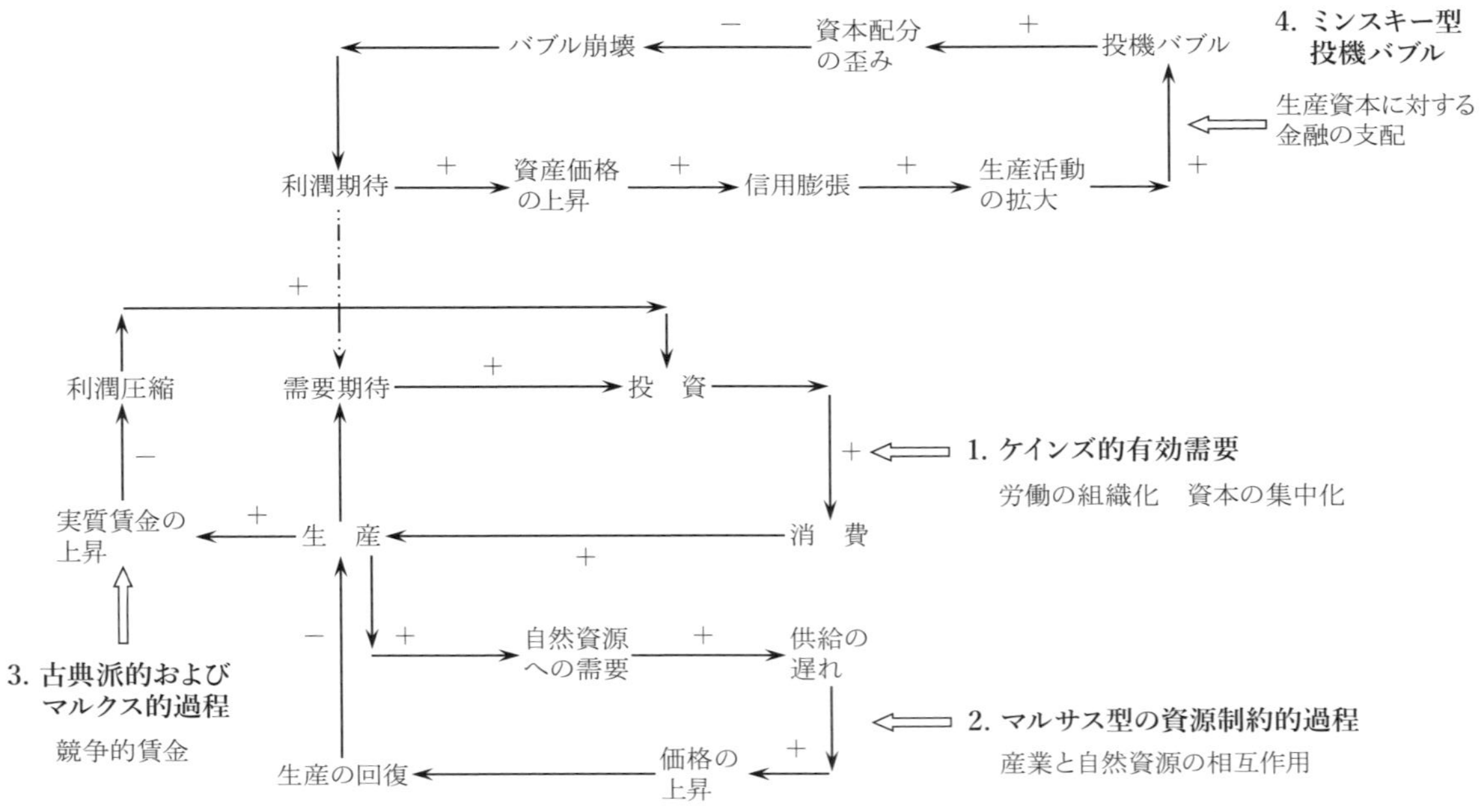


出典：Boyer (2017)

図 1–1　各理論は暗黙裡に社会経済レジームからの抽象化を基準として構想されている

・金融革新や規制緩和が投資の意思決定を左右するようになると、ポストケインジアン[2]・モデルが投機的バブルについて含蓄ある分析を提供することになる（Minsky 2008）。二〇〇八年の大恐慌はこのアプローチの妥当性を想起させることになった。

・原材料価格や食料価格の暴騰によって成長が阻害されると、マルサス的分析に従って、自然資源の限界によって支配される経済のロジックが再発見される機会となった。マルサスの分析は時代遅れに見えるが、相継ぐ石油ショックや、その後のエコロジー的懸念の高まりとともに、その妥当性が再認識されている。

**図1—1**の図解によって示そうとしたのは、これら諸理論の各々は事実上、特定のマクロ経済的プロセスを説明しており、各プロセスは当該経済の制度的文脈に応じて異なった形で有効だということである。だから、そのうちどれを選ぶかは経験的な問題であって、たんに理論的ないし教義的な選択の問題ではない。こうして、特定のメカニズムを理論の地位にまで高め、研究者仲間にとってのトーテムの役割を与えてしまうと、研究者たちには構造的進化が見えなくなってしまいかねない。彼らが

---

（2）**ポストケインジアン**　ニューケインジアンとはちがって、ケインズを経済の歴史的時間性、不確実性、制度の役割を強調する方向で継承しようとする学派で、ロビンソン、カレツキ、ミンスキーらによって代表される。

習慣的に特別視してきたビジョンの妥当性を浸食するような変容は緩慢たるものであるだけに、それだけいっそうこれが起こりうる。例えば、自らの分析枠組みの硬直化——さらには退化——が暴露されるような危機に直面して、たいていの経済学者はびっくり仰天したということも、ここから説明できる。逆に、時代遅れだとされていた理論が依然として、一定の状況下では現代社会の理解のための用具を提供することがある。というわけで、社会経済レジームの多様性を考慮したマクロ経済的ダイナミクスについて、別のアプローチを提起することができる。資本主義の諸類型と同じほどマクロ経済モデルも存在するのである（Boyer 2015; Baccaro et Pontusson 2018）。諸類型は相異なる各種コーディネーション・メカニズム間の多様な配置によって特徴づけられているからである（Hollingsworth et Boyer 2008）。

# 第2章

## 経済の構造的安定性を保証する各種メカニズム間の相互作用の多様性

経済学者たちによる科学性に向けた努力においては、物理学が参照基準にされたように思われる。経済学者たちはワルラス、パレート、フィッシャーが切り拓いた道をたどり、ポール・サミュエルソンがこれを定式化し操作可能なものにした（Mirowski 1989）。にもかかわらず現代の経済学は、物理学と同じ程度の厳密性や妥当性に達するにはほど遠い。研究者たちはさまざまな因果関係やメカニズムを明らかにし、市場経済の安定性条件を決定するツールの範囲を豊富化してきた。けれども彼らは、新しい諸問題に十分に拡充しうるような、一致した統一的理論を構築しえていない。

## 1　経済学者のだらしなさ――部分と全体の混同

例えば、賃金上昇にともなう攪乱は、マクロ経済の均衡を再び取りもどすように価格・消費・投資の調整を生みだすのだろうか。ピグー、フィッシャー、ケインズはそれぞれに異なったメカニズムを提起し、それには彼らの名前が付けられた。需要の加速度メカニズム[1]は、ハロッド、次いでカルドアの貢献の核心をなし、それは一九六〇年代における多数の応用モデルのうちに見られる。彼らは不安定要因を導入したが、それはマクロ経済レジームの生命力を保証するために、他のメカニズムによって補われるべきものであった。同じく、金融業者の期待は自己実現的になり、投機バブルを引き起こすことがあり、その外部性によって投資や最終的には経済活動が悪影響をこうむる。金融的アクセラレーター[2]が経済循環の理解を前進させ、モデル化の可能性を拡大したことは、間違いない（表2―1）。

表 2–1　経済の安定性を論ずるために各種理論家が提起した諸効果

| | | |
|---|---|---|
| 名目的変化は実質的効果をもつ | ケインズ効果 | $w \uparrow p \uparrow r \uparrow I \downarrow C \downarrow Y \downarrow L^d \downarrow w \downarrow$ |
| | ピグー効果 | $w \uparrow p \uparrow M/p \downarrow C \downarrow Y \downarrow L^d \downarrow w \downarrow$ |
| | 実質賃金 | $w/p \uparrow I \downarrow C \uparrow \uparrow Y \uparrow L^d \uparrow w \uparrow p \uparrow \uparrow w/p \downarrow$ |
| | 実質賃金 | $w/p \uparrow I \downarrow C \uparrow \uparrow Y \uparrow L^d \uparrow w \uparrow p \uparrow \uparrow w/p \uparrow$ |
| | マンデル効果 | $w \uparrow p \uparrow \pi^e \uparrow r - \pi^e \downarrow I \uparrow C \uparrow Y, L^d \uparrow p \uparrow w \uparrow$ |
| | 負債にかんするフィッシャー効果 | $w \downarrow p \downarrow D/p \uparrow I \downarrow C \downarrow Y, L^d \downarrow w, p \downarrow$ |
| 実質的フィードバック（加速メカニズム） | ハロッド型の投資アクセラレーター | $y \uparrow \Rightarrow Y^d \uparrow \uparrow \Rightarrow Y^e \uparrow Y \uparrow$ |
| | カルドア型の動態的乗数 | $y \uparrow \Rightarrow Y^d \uparrow \uparrow \Rightarrow Y^e \uparrow Y \uparrow$ |
| | メッツラーの在庫アクセラレーター | $Y^e \uparrow$ 計画在庫 : $I \uparrow Y = Y^e + I \uparrow$<br>$C \uparrow I \uparrow Yd \uparrow$ 現存在庫 $\downarrow Ye, I \uparrow$ |
| 金融的加速メカニズム | 貸付に対する金利スプレッドの反景気循環的動き | $Y \uparrow$ スクリーニングコスト $\downarrow r \downarrow$<br>$I, C \uparrow \quad Yd, Ye \uparrow Y \uparrow$ |
| 資産市場での期待とバブル | キャピタルゲインの株価アクセラレーター | $p_c^e \uparrow$ 期待収益 $\uparrow E^d \uparrow p_e \uparrow p_c^e \uparrow$ |
| **最終的に：伝染効果** | **外部性** | **相互連結性（安定性？）** |

出典 : Semmler (2010: 8)

（1）**加速度メカニズム**　消費財に対する需要の増加が資本財に対する需要の増加をもたらすメカニズムを明らかにしたもので、景気循環の分析に用いられる。

しかしながら、こうした連関関係はマクロ経済レベルで作用している諸プロセスの一部を代表しているにすぎず、新しい古典派理論の堅固な核《ハードコア》のうちに合体されはしなかった。というわけで、部分にかんする知識が進歩しても、それは必ずしも全体の知識についての正確な診断を提供するものではない。多数きわまるこうした諸効果を一個の統合モデルのうちに結合することは、一般になされていないからである。しかしこれこそ、一般理論を追求する道なのである（Semmler *et al.* 1997; Semmler 2004）。

例えば、貯蓄のパラドクスが示しているように、部分を全体とみなすのは危険なことである。貯蓄のパラドクスとは、失業が需要不足に由来しているとすれば、いっそうの貯蓄は生産の、それゆえ投資の、最終的には雇用の減少となって現れるというものである。不均衡理論[3]が示したのは、同じ方策をとっても、その影響は——古典派的、ケインズ的、マルクス的などの——マクロ経済的レジームのいかんに、いかに依存しているかということであった（Bénassy 1984）。まとめて言えば、経済学者が発見したメカニズムという富は、有用かつ明快ではあるが、同時にマクロ経済学の分化やパラダイムの分岐の要因でもある。諸パラダイムを学問の進歩として統合しうる共通の理論が存在しないからである。

## 2　作動している各種プロセスにかんする不確実性

経済学についいては特別にいえることだが、一般に社会諸科学にはある特有性がある。つまり社会諸科学は、全員が一致するような確かな結果の集合からは展開できないということである。これまで論じてきたメカニズムはたいてい、安定的なメカニズムであれ破裂的なメカニズムであれ、所与の社会のうちに存在するかしないかである。最良の場合でも、そうしたメカニズムは、計量経済学の理論が可能な場合それが教えるとおり、ただ蓋然性のうちに基礎づけられているにすぎない。多くの場合、研究者はベイズ統計学的な――それゆえ主観的な――推測に頼らざるをえず、そのせいで同じ対象を相手にしても相異なる戦略をとる出発点となることがある。一例しかあげないが、経済思想が明らかにしたのは、市場経済は競争プロセスによって自動均衡的だと考える論者と、歴史はそれを是正する集合的介入がないと構造的に不安定だと結論づける論者との分断ということである（Morgan 1992）。これら二つの見方は、大きな分析的帰結をもたらす。

・前者は局所的に安定的な均衡を導くような、それゆえそれに照応するメカニズムを特権化するような定式化を要請することになる。その結果、危機は経済外的な事件からしか生じないとされる。

---

（2）**金融的アクセラレーター**　金融的加速因子。バーナンキらが主唱した説で、企業の資産価値つまり担保価値が上昇すると資金調達量したがって投資水準が加速的に上昇し、実体経済の変動を増幅させるという。

（3）**不均衡理論**　市場の需給均衡を仮定することなく、不均衡を前提として市場を分析する理論であり、非ワルラス理論、固定価格理論とも言われる。

この伝統は新しい古典派理論とともに頂点に達した（Lucas 1981）。

・後者は、均衡は局所的に不安定であるが、大域的には――リミットサイクル(4)が形成されうる非線形性のおかげで――持続可能な圏域のうちに維持されると考える（Goodwin 1951, 1967）。だから循環は内生的であるが、同時に、経済がハイパーインフレや累積的不況のなかで崩壊するような構図でもある。

なぜ論争が繰り返されるのか、その理由はおそらくここにあろう。論争が再開するのは、規則的な成長経路上で突然の経済崩壊が相継ぐときである。一九七〇年以来、そういったエピソードには事欠かない。

## 3　経済学者のコミュニティはいかに形成されるか

本書の中心的な議論は、研究プログラムが多数あるのは経済プロセスを特徴づける不確実性と大いに関係しているということである。仮に理論的方向性の選択によって各経済学者の好み、信念、目標が決められるのだとしても、だからといって各研究が完全にバラバラになったりはしない。というのも経済学者は、その仲間によって認知されねばならず、この評判の効果は、研究史上「認識《エピステミック》コミュニティ」（Haas 1992）と命名されるもののなかで強力なグループ化要因となるからである。このコミュニティは実際、研究者、アナリスト、政策立案者を集めているのだが、このことは多数の公的意思決定にかかわる経済学にとって重要なことである。刺激的なモデルは研究分野が機能する仕方を理解するのに役立つが（David 2002）、それだけではない（Brock et Durlauf 1999）。

研究者のジレンマは、ある科学的命題――根拠あるものとなったり不正確だとされたりする――に賛同するか否かの選択として表現されうる。これは経済学では格別に強烈に作用する。というのは、自然諸科学におけるよりもはるかに大きな不確実性があるからであり、それほどに作用している諸プロセスは時間的空間的に複雑かつ可変的だからである。研究者にとっては、その職業集団が全体として間違うのは深刻なことではないし、ある正しい命題を否認することはドラマティックなことでもない。他方、臆見《ドクサ》に反対して最終的に正しくあることは、リスクはあるが喜ばしいことだ。結局、あるパラダイムに固執するか否かは利得の閾値――順応主義が優勢となるかどうかの基準点――に依存することになる。その場合、その信念が多数派のそれと異なる経済学者でさえ、支配的意見に賛同するのが得策となる。こうした構図は、社会諸科学の他の分野（社会学、歴史学）では、これほどの強烈さにおいては存在しないということが強調されるべきである。

そこから、ある出来事によってこれまで固執してきた研究プログラムの基礎が華々しく反証された

（4）**リミットサイクル**　グッドウィンの非線形動学モデルで用いられている数学で「極限閉軌道」とも訳される。

とき、経済学者がいかに驚愕するかが説明される。皮肉なことに、そのときこの職業集団は、反逆者たち――それでも彼らはコミュニティの周縁で命脈を保っていた――のいくつかの仕事の正当性を引き合いに出すことができるのである。

というわけでコンセンサスや成功は、必ずしもつねに科学性と同じ歩調をとりはしない。このことは、学派を形成するアイデアやモデルの普及に応用された疫学的モデルによるアプローチによっても確認されている（Shiller 2017）。ラッファー曲線[5]に言及した引用が突然に成功し、やがてどん底に陥ったとすれば、これに続いて実物的景気循環論《リアル・ビジネスサイクル》[6]への引用が起こったが、これもまた廃物となってしまった。最終的に、最高の形で時代を生き延びたのは多くの賛同をえたIS‐LMモデル[7]だったのであり、他方で興味深い対案――例えば世代重複モデル[8]――は学派をなすことはなかったのである。

## 4　さまざまな仕方のモデル化をともなう理論の混乱

いっそうの注意を引こうとして、経済学者たちは新しい現象、メカニズム、因果関係の発見に対して、それが経済学全体に重要かつ持続的な影響力があろうとなかろうと、「理論」という高貴な用語で形容しがちである。成長理論、契約理論、効率賃金理論、職探し理論、情報の非対称性理論、取引費用理論などは、どれも、そういった経済学者が大好きな一般性への格上げの例をなす。

同じように、いくつかの論文を注意深く読むと、少なくとも二つの分析レベルが、重複しているとは言わないまでも、共存しているのが見られる。序説部分では未解決の問題をめぐって、野心的な理論問題が説明される。経済学者はこれに次いで、分析による解決を提起できるような理論的にも技術的にも精密な仮説総体のもと、モデル化の道を開こうと集中する。最終的には、一致した結果を引き出しうるような仮説全体を探求することがないので、結果は初めから偶然的なものとなる。にもかかわらず、その結論が理論へと送り返されることはめったになく、モデルには一般的な効力があるのだとほのめかされるのが落ちである。

ここに今日における決定的問題が提起される。理論を仮説的‐演繹的アプローチと同一視し、経済学を——できるだけ根拠があり経済活動の全領域をカバーするような——雑多なモデルの幅広い集合

(5) **ラッファー曲線** 税率と税収の関係についてラッファーが提起した仮説で、米レーガン政権の減税政策をバックアップした。

(6) **実物的景気循環論** 景気循環は貨幣的要因でなく実物的要因(特に技術変化)によって起こるという理論。全消費者が同一の合理的行動をとるという仮定のうえに立ち、非自発的失業は存在しないとする。プレスコットやキドランドが主唱。

(7) **IS‐LMモデル** 財市場の均衡を表すIS曲線(投資‐貯蓄曲線)と貨幣市場の均衡をもたらすLM曲線(貨幣の需給曲線)の交点で均衡国民所得と均衡利子率が決定されるというモデル。ヒックスがケインズ理論を単純化して示したものだが、そのケインズ解釈には異論も多い。

(8) **世代重複モデル** 人口を労働世代と非労働世代に二分し消費や貯蓄を分析する理論で、サミュエルソンらが提唱。

に還元するという傾向が、それである。こうした緊張は、とりわけ明晰かつ熟慮深い論者たちによって表明されている。

> モデル化は一つの科学である（四七頁）。理論とは実はモデルでしかない。経済科学における理論とは、それが現実世界に影響するところがほとんどないほどに一般的であるか、それとも、せいぜい現実の微細な断片を説明できるほどに特殊的であるかなのである（一二五頁）。（各々の理論は）それが対象とする諸現象を普遍的に説明するというよりも、むしろ道具箱として役に立つ。
> （Rodrik 2017）

事実、重要なことは、経済学のどのレベルで結果を出そうとしているかを各研究者が明言することであり、それゆえ、研究者が自ら提起するモデルの位置づけをはっきりさせることである。これを三つに分類するのがわかりやすい（Bresser-Pereira 2018）。

・公理的モデルは、ごく少数の仮説——そこからあらゆる論理的帰結が引き出される——から出発して、仮説的-演繹的な方法を展開する。一般均衡理論はこのカテゴリーに入る（Debreu 1954）。その使命は均衡の存在条件を説明し、資源配分における均衡や最適性はいかなる関係によって維持されるかを説明する点にある。これにかんする定式化には、何らかの具体的状況を解明しているのだと主張する意図はない。

・条件付モデルはこれと同じ方法を用いるが、その方法は、文脈における代表的仮説のある明確な総体や検討対象となっている問題に適用される。その判断基準は、結果が前提と一致するかどうかにある。このモデルは思考実験に相当する。例えば、市場での割当てを説明するのは情報の非対称性なのか（Akerlof 1970）。労働契約のうちに成文化された特定の交換は、雇用にどのような結果をもたらすか（Akerlof 1982）、と。

・歴史的経験的モデルは、経済で見られる各種の規則性や傾向を説明しうる仮説を追求している。このモデルは、理論的一貫性よりも、その適合性、つまり対象に対する妥当性によって判断される。マクロ計量経済モデルはこのカテゴリーに入る（Klein et Goldberger 1955）。

こうした方法論の選択以外にも、経済学者の世界が生みだすハビトゥスを考えに入れてみなければならない。というのも、経済学者のうちにはさまざまな面々が共存しているからである。『ハリネズミ』は唯一の一大理念で凝り固まっており……それを倦むことなく適用する。反対に『キツネ』は全体的ビジョンを欠き、世界について多数の相異なる、時に矛盾した見解をいだいている」（Rodrik 2017: 150）。この一見ささいな表現は多くの論争を照らし出しており、なぜ論争があれほど激しいのに科学的前進がめったに見られないかを説明している。

加えて、大衆向けに経済学を俗流化することによって多くのことが単純化され、ラッファー曲線であれ、フィリップス曲線(9)といったマクロ計量経済的な規則性がほとんどないものであれ、それらに「理論」という大げさな形容語を即座に与えてしまったのである（Bousquet 2017）。

（9）**フィリップス曲線**　物価上昇率（賃金上昇率）と失業率の反比例関係についてフィリップスが実証分析から提起した説。

# 第3章

# 完成途上の科学という幻想と多数の競合的パラダイムへの分裂

これまでの分析からあるパラドクスが浮かびあがる。すなわち、経済学にたびたび向けられた批判とは反対に、経済学者は自分たちが相互にきわめて同質的なことに悩んでいるのでなく、むしろ、無数の研究プログラムへと分裂していることに悩んでいるというパラドクスである。各種研究プログラムは、たとえその各々は——全体としてのマクロ経済的ダイナミクスに向かってともども作用している——相互依存的なメカニズムやプロセスをそれぞれに分析しているのだとしても、各種研究プログラムは自立化していく傾向にある。こうした特徴は、金融イノベーションや国際化によって新しい相互依存が現れ出た時代にあって、強化されさえした。新しい相互依存は、二〇〇八年危機によって白日のもとにさらされ（Fourcade 2010）、二〇二〇年の新型コロナ感染症の勃発によって強固なものとなったのである。

## 1　一般均衡の存在条件に背反する仮説が多くありそれと同じく理論も多くある

第二次世界大戦の直後、数学教育を受け物理学に触発された新世代の経済学者たちは、経済分析の公理的基礎を解明するプロジェクトを展開した。実際、ワルラス体系をいっそう抽象化することによって、彼ら経済学者は——もっぱら財市場、労働市場、資本市場からなる——純粋経済のもとで、一個ないし数個の均衡が存在し、それが資源の効率的配分つまりパレート最適に照応するものでありうるのは、いかなる条件のもとにおいてかを提示した（Debreu 1954）。このギリシャ神殿のごとき壮麗なる建築物は多数の経済学者を幻惑し、経済科学そのものとは言わないまでも、一個の経済科学に向かう王道を切り拓いたかに見えた。なすべきことはもっぱら、このやり方を押し進め、均衡の存在を保証する各種仮説を除去した場合に起こる帰結を一歩一歩検討することだけであった。

優秀な研究者たちがこの道に没頭したのだが、行きついたのは苛立たしいパラドクスであった。彼らは興味深い新しいメカニズムをいくつか発見したのだが、しかし「見えざる手」というイメージに対して一般性のある科学的根拠を見いだすという希望とはかけ離れてしまった。各種の試行はほとんどどれも、もはや均衡価格への収斂を保証するものでなく、無数の病理診断が登場することとなった（**図3―1**）。

・事実、ワルラスの競売人は、一般均衡が保証される価格体系が見つかるまで各種取引を集権化する存在なのだが、その競売人は不動点定理[1]の陰に隠れてしまった。そんな価格体系などありはしないので不均衡理論〔第2章注（3）参照〕が登場してきたが、そこでは非ワルラス的価格は財、労働、資本の割当てを意味している（Bénassy 1984）。これは例えば、ケインズ的な非自発的失業を定式化する一つのやり方である。

・合理的期待理論〔序説注（6）参照〕の仮定によれば（Muth 1961）、経済主体は経験の反復によっ

（1）**不動点定理**　均衡点の存在を裏づける数学の定理。

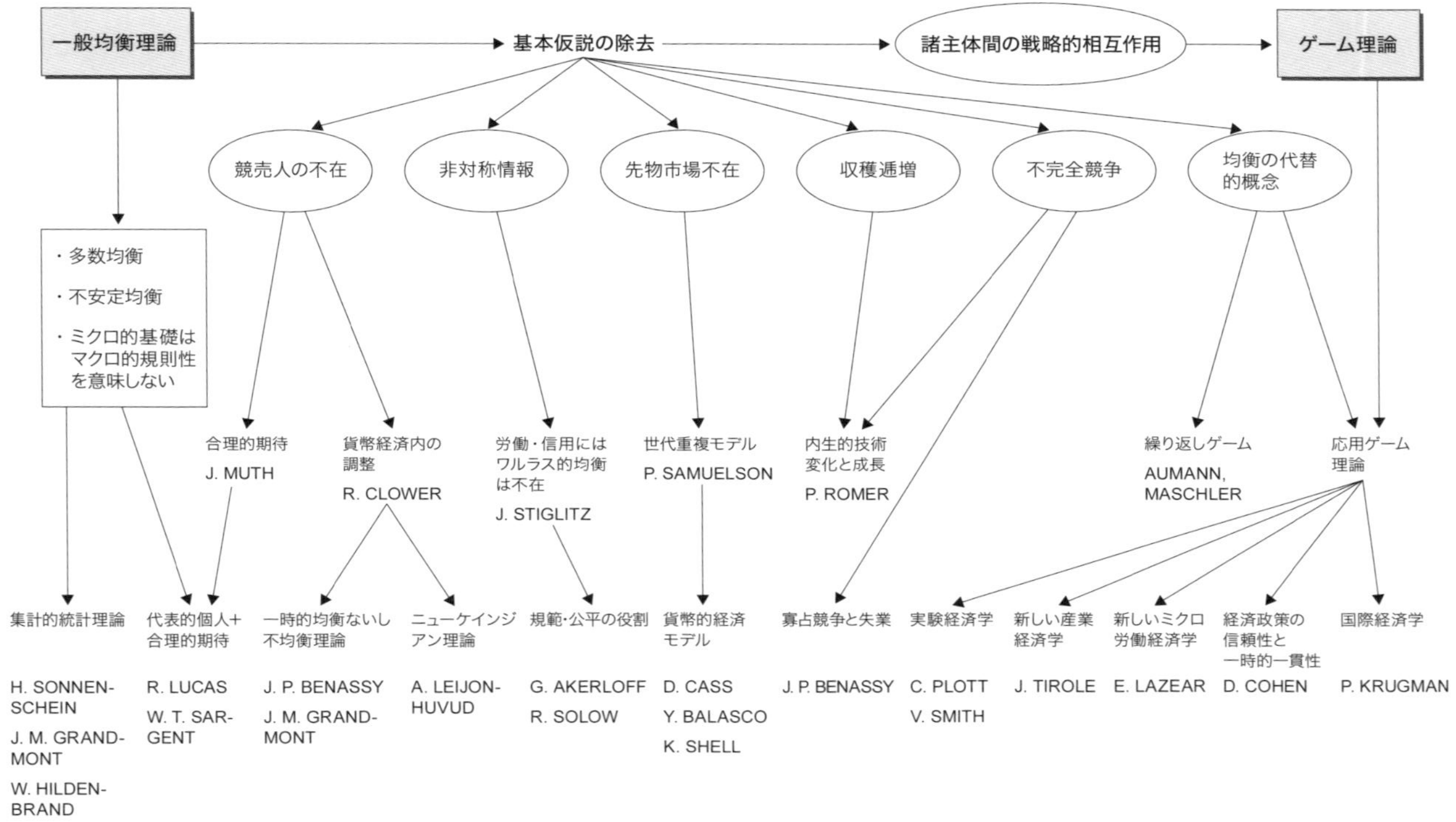


図 3–1　一般均衡理論からゲーム理論へ――モデルのいっそうの特殊化とアドホック化

て経済の特性を学習する能力があり、その結果、偶然的な場合を除いて、経済主体は均衡価格をもたらすのだとされる（Lucas 1981）。この手の議論を出発点として、完全情報下においてマクロ経済学はミクロ経済学的基礎と表面上和解することになった。やがて（次節で）示されるように、この一撃は現代マクロ経済学の妥当性を危うくする。つまり経済主体が知識をもったからといって、それは思慮深い計画立案者による情報の集権化に取って替わることはできなかろう。

・経済主体が同一の情報にアクセスできないという事実は、供給者と需要者、企業と賃労働者、債権者と債務者の間に非対称性を生みだす。こうした情報の不完全性は、ワルラス的均衡の経済を持続的に遠くへ追いやる。それが克服されるのは、ひとえに例えば仲買人による品質協定が確立されることによってなのである。仲買人は、それなしには市場が機能しえないような規則や制度を導入するからである（Akerlof 1970）。

・完全なる先物市場制度が存在しない場合、少数の資産を対象とした金融市場は貯蓄決定と投資決定の通時的一貫性を保証する役割を担う。このとき、均衡の不在および／あるいは資源配分上の非効率といったように、多数の病状が現れる。世代重複モデルはそういったメッセージを発している（Samuelson 1958）。このように金融を考慮してみると、金融化の時代にあってさえマクロ経済学者が少々なおざりにしてきた作業場が開かれてくる。

・技術の可能性は企業のイノベーション努力の結果なのだが、その技術の可能性が存在しなくても、規模にかんする収穫逓増(2)によって競争均衡の存在は怪しくなる。独占型ないし寡占型の価格形成があるだけでも、そういった構図を持続させることになってしまう（Romer 1986）。それゆえ内生的イノベーション、成長、不完全競争を組み合わせてみる必要があるのであって、その分だけ一般均衡という静態的モデルの諸仮説とは手を切ることになる。

非協力ゲームの理論[3]（Nash 1951）の驚異的進歩とともに、一九八〇年代、研究プログラムのこうした分裂は頂点に達した。非協力ゲームは相互作用の様態や情報の流通だけでなく、戦略的行動にも適用されたからである。そして遂には、説明すべき定型化された事実を解として提供するゲームを想像することがほとんどつねに可能となった。経済が二人の主体間の対決に還元されうるかぎりでは、という限定が、このゲームの教えの射程をとりわけ狭くしている。これは条件付モデルであり、その分、このモデルは思考実験であって、その実験はいくつかの——時には逆説的な——諸現象を理解するのに役立ちはする。しかしながらこのモデルは、現代の各種経済のうちで作用している多様なメカニズムを説明するにはほど遠い。

ミクロ経済学に公理的基礎をおいた理論という希望へのとどめの一撃は、数学者たち自身によって加えられた。実際、経済学者たちは長らく、ミクロ経済レベルで観察される諸特性は集計レベルでもそういうものとして見出されるはずだと考えていた。ところが数学者たちが明らかにしたのは、ミクロ経済分析に合致する需要関数のセットがあっても、総需要が同じ特徴を示す理由は何もないということであった（Sonnenschein 1973）。これは、マクロ経済学のミクロ経済学的基礎という希望に対する決定的な糾弾であったが、早々と忘れられてしまった。代表的主体というフィクションはもはや検証に耐ええなくなった。というのも、それは各々の均衡に特有なものであり、およそ比較分析を無意味なものにし、それゆえマクロ経済学者によるほとんどのモデルの有効性を台無しにするからである（Kirman 1992）。こうして一般均衡の数学的理論は、分析用具として応用されるものになるのに失敗したことを自ら認めなければならない。それも外部からの多数の批判によってでなく、自らの最も傑出した貢献者の結論によって（Ingrano et Israel 1990）、失敗したのである。このことは——かつては経済科学の礎石と考えられていた——あるパラダイムの挫折を表すところの、科学上のみごとな正直さを証し立てている。おそらくそこから、現代研究における応用経済学への転換が説明されよう（Backhouse et Cherrier 2016）。

## 2　新しいパラダイムの増殖は科学的刷新の証拠なのか

公理的基礎がないことが確認されたので、経済学者のなかにはまったく別の基盤上で自らの学問を

---

（2）**規模にかんする収穫逓増**　市場であれ企業であれ、生産要素の規模を拡大すると、その拡大分に正比例する以上に産出量（収穫）が増加すること。「規模の経済」とも言われる。

（3）**非協力ゲームの理論**　各プレーヤーが互いに独立に自己の利益を最大化するように戦略を決定するようなゲームにかんする理論で、その時の均衡概念の一つがナッシュ均衡。

追求しようとする者も出てきた。彼らは最初、合理的行動という考え方を社会科学の他の諸分野――例えば社会学、政治学、法学、そして歴史学までも――に輸出しようとしたが、二〇〇〇年代以降は逆に、経済学者たちは新しい基盤にとって、これら諸学問分野が役立ってくれる可能性を模索していくことになった。こうして経済学者たちは心理学、医療技術、データサイエンスとなった計量経済学、進化論的アプローチの方へと向かっていった。最終的に経済学者たちは、市場価格体系が唯一のコーディネーション・メカニズムではないことを認識することになった。というのも、組織、制度、社会規範やルール、そして場合によっては信念が決定的な役割を演ずることがあるからである（図3―2）。

第二次世界大戦後の研究プログラムとくらべると、大いなる刷新がなされたわけである。

・経済学は観察にもとづいた学問になっていき、もはやたんに仮説的‐演繹的なものではなくなった。こうした特色は、実験であろうと、統計的アプローチであろうと、さらには進化論的分析であろうと、およそすべての新しい研究プログラムに共通したものとなった。

・合理的行動の理論は実験室での実験によって試されることになり、行動経済学（Smith 1980）や歴史実験分析が生まれることになった。そこからわかったのは、各種の行動は「理論」が仮定としたものとはつねにかけ離れているということであり、さらにまた、諸個人の意思決定は目的に応じて異なった手続きに従うということである。こうした持続的な乖離は、制度的文脈やアクターの経験によって説明されうる。

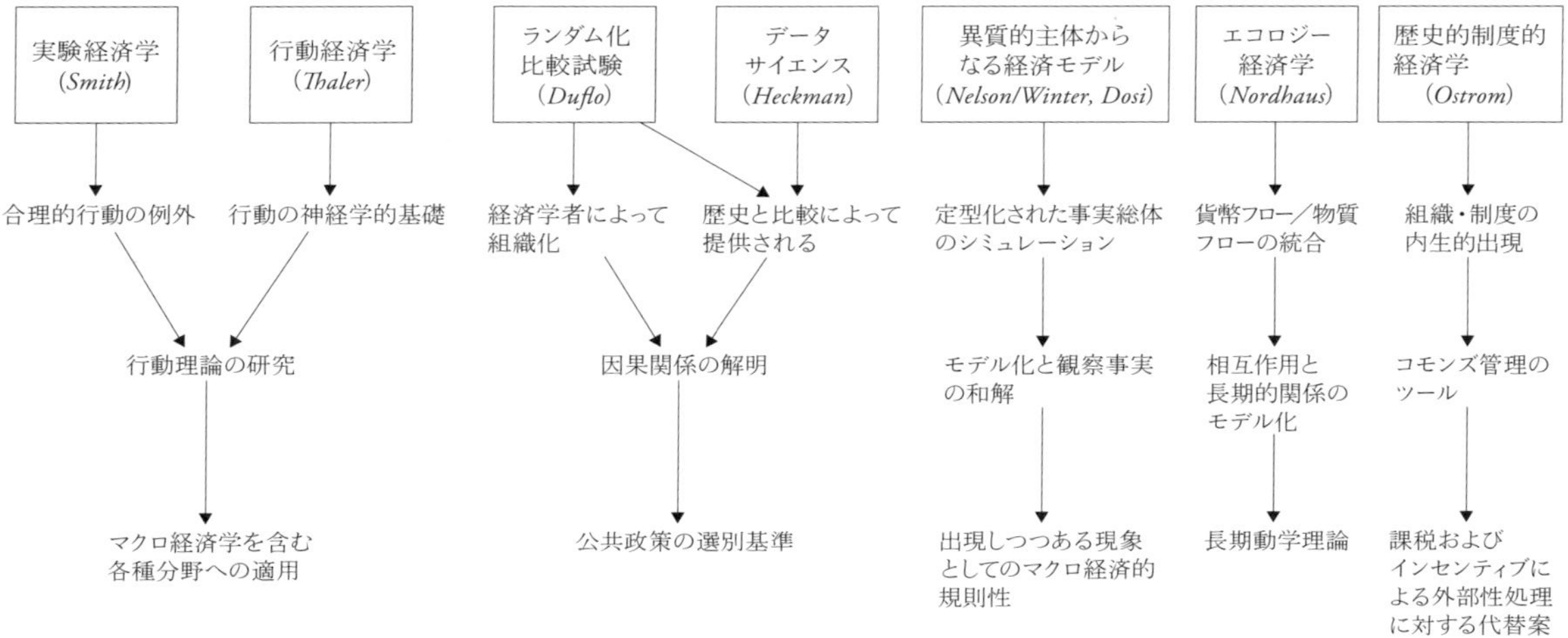


**図 3–2　2000 年代——新しい領域とパラダイムの開拓**

・因果関係という観念を反省したことは第三の重要な特色である。因果関係は長らく計量経済学を参照基準として理解されていた。つまり、変数Bのシークエンスを知ることは変数Aの説明の質を向上させる、それゆえBはAに対して因果的効果をもつ、とされてきた（Granger 1969, 1980）。しかし、医学から借りてきたランダム化比較試験[4]は、Bに対するAの効果を直接に点検しようとするものである。

理論的には克服されていることだが、しかし、伝統的計量経済学は先行するものは後続するものの原因だと想定するので、そこでは相関関係と因果関係の混同がよく見られる。比喩的にいえば、一二月の贈り物はサンタクロースがやってくることの説明になると言っているようなものだ！　とはいっても、恐ろしいほどの方法論的諸問題が克服されねばならないが（Labrousse 2010）、大切なことは新しい計量経済学的用具が経済学者に利用可能になったという点である（Heckman 1985）。

・歴史の時間、つまり技術的社会的構造を形成していく時間は、異質な諸主体による選択と学習のプロセスの結果である（Nelson et Winter 1982）。長らく無視されていたこうした道筋は、現代における進化論的アプローチを活気づけた。進化論的アプローチは、あらかじめ決定された長期均衡への収斂という、典型的にニュートン力学的な運動の時間という伝統的な見方と対決している（Dosi *et al.* 2017）。

・ますます多くの仕事から、経済の長期的ダイナミクスに対してもつ表象、規範・信念、法、制度の役割が明らかになっている（North 1990）。例えば、商業経済の基礎をなす組織や制度の出現を促すメカニズムを明らかにすることができよう（Greif 2006）。それは、市場によるコーデネーションを支え補う各種の制度的配置が多様であり、しばしば補完的であることを認識することである（Hollingsworth et Boyer 2008）。こうしたロジックを押し進めていけば、経済学という学問は社会諸科学のうちに再統合されることになろう（Jany-Catrice et Orléan 2018）。

・商品関係が財、労働、資源の異質性を加法的・代替可能的なマネーフローに転換するという事実によって、無限の成長という見通しと非再生可能資源の有限性との矛盾が長らく無視されることになった。エコロジー経済学の最初の仕事は、アカデミー世界の周縁（Georgescu-Roegen 1971）か外部（Meadows et Randers 2012）にいる研究者によってなされた。二〇一〇年代にはもはやそういうことではなくなった。少なくともその理由は、気候変動が経済学にとって正統かつ重要なテーマとして認知され（Nordhaus 1994; Stern 2016）、また、それが自然科学の多数の分野との協働作業の対象となったという点にある。

---

（4）**ランダム化比較試験**　評価バイアスを避けて客観的な治療効果を評価する試験法で、経済政策の効果測定にも応用されている。

こうして経済のプロセスは、錯綜した物理的プロセスのうちに再統合されている。学問は各時代の最も先鋭な問題や難問に応えながら不断に進化していることがわかる。今日における進化のうちには、例えば金融危機にかんする過去のエピソードを、変形をともないつつ反復しているものもある（Reinhard et Rogoff 2009）。しかしながら、とりわけ人新世の帰結にかかわる危機は前例のないものであり、それは逆説的にも過去にすでに見られた構図の再現なのである。要するに画期的なイノベーションによって、経済学者の知が挑戦を受けているのである（Boyer 2001）。

こうした新しい流れは、経済学が将来的に語の十全な意味での科学になっていくというプロジェクトの完成を表しているのだろうか。これほど不確かなことはない。というのは、これまで言及してきた各種仮説によって、それと同じ数だけの、多分にバラバラな各種研究プログラムが形成されているからである。各種研究プログラムは、ますます専門化する各種コミュニティごとの溜《たま》り場としての役割を担っているわけだ。こうした進歩を概念や方法の首尾一貫した総体へと統合すべく努める経済学者は、どこにいるのだろうか（第7章参照）。

## 3　経済学者のツールの応用分野の爆発的拡大

事実、経済学はもはや、その時代の大きな政治問題を解明しようとする少数のエリートによってなされる学問ではなくなっている。これは経済学者の数が増えてきたことの結果であって、彼らが発言する領域は増えてきた。こういった特色は重大なる帰結を生んだ。

・経済分析のツールを新しい領域に応用することは、アクターたちによる専門技術への要請から生まれた。このことは、この学問が核心的に果たすものとは異なった諸問題の研究への道を開いた。というわけで、医療経済学とか、さらには金融数学といったような細目的分野《サブディシプリン》が生まれた。重要な方法論的ブレークスルーという功績が経済学者によってなされ、領域別の専門分化が始まったが、その際、経済学の堅固な核における統合は必要なこととはならないままであった。

・各々の研究プログラムがあらゆる領域や部門に応用されるということが頻繁化し、遂にはそれらを合わせると万華鏡的な分析になってしまった。それらを突き合わせることはめったになされない。というのは、議論は各パラダイムの内部でなされ、同じ目的に向かって各パラダイム間でなされないからである。

・規制緩和政策が普及し、また公的介入は本質的に非効率だという信念が普及したので、政府の専門的能力は低下した。逆に民間アクター、大企業、銀行、投資ファンド、さらには司法当局の専門的能力が急拡大した。これと対照的に、わずかばかりの例外を除けば、労働組合や市民の心配事を代弁する団体は、自らの利益を守るに必要な専門知識を培う手段をほとんどもたなくなった。一般的な傾向として、自らの学問の行動分野を広げる経済学者によってなされる研究が幅広く展開しているのである。というわけで、経済学者は多数の成果を蓄積したが、そのうち誰ひとりとして、経済科学を前進させようという明白なプロジェクトを持っていない。これは過去に政治経済学が果たした役割とくらべて、大いなる相違をなす。

・このような専門知識の多様化と私物化は、細目的分野を持続的に方向づけさえする。例えば新しい産業経済学は、一部、自分たちは実際には新規参入者の潜在的脅威のもとにあることを示そうとする、独占状態を保持するいくつかの企業の努力から生まれた。コンテスタブル市場理論[5]はそこから生まれた(Baumol 1982)。金融数学者たちはといえば、彼らはオプション価格の評価法や一連の洗練されたツールを提供した(Black et Scholes 1973)。これらの金融商品によって多大な利益がかき集められた(MacKenzie 2006)。事実はといえば、利用された確率法則は間違っていることが判明した。つまり金融資産の収益分布は、ガウスの法則〔正規分布〕でなくレヴィの法則〔レヴィ分布〕に従うのである(Mandelbrod 2004)。この違いは重要だ。というのも、例えば一世紀に一度しか起こらないと思われていた株式大暴落が、実際には、この数十年にわたって繰り返されてきたからである。科学的厳密さよりも利益優先ということなのか。問題はたんに言葉の問題に尽きない(Giraud 2014)。注意すべきは、こういった現象は経済学に固有なものでなく、数多くの自然諸科学にも悪影響を与えているということだ。「科学的」議論なるものは経済的利益を守る利害関係者となったのであり、学問はそういうものへと変身したのである。

## 4 競合的パラダイム間の突き合わせを組織できないこと——マクロ経済学の危機

以上のような断片化は、マクロ経済学が中心的な学問でありつづけていることにもかかわる。ところでマクロ経済学は、研究上のあらゆる前進が相互に突き合わされる場であるはずだ。にもかかわらず、二〇〇八年に始まった危機の原因にかんして、少なくとも四つ以上のアプローチが矛盾しあった結論を出している（図3—3）。

・一方で金融数学はデリバティブ商品を提供し、これは過去の一連の出来事から適切な情報を抽出したおかげで、リスクを低減させるものとみなされている。他方、インセンティブ理論(6)の結論によれば、そのようなリスク移転は行動の変容を引き起こし、こうしたデリバティブ商品を支える資産の質を悪化させる。前者によれば金融安定性は強化され、後者によればそれは脅かされる。インセンティブ・アプローチの信奉者が正しかったが、遅きに失した。

（5）**コンテスタブル市場理論**　市場がコンテスタブル（競争可能）なら独占企業でも超過利潤は獲得できないとし、規制緩和を主張する考え方。

（6）**インセンティブ理論**　経済主体を適切な行動にいざなうインセンティブを重視する理論。

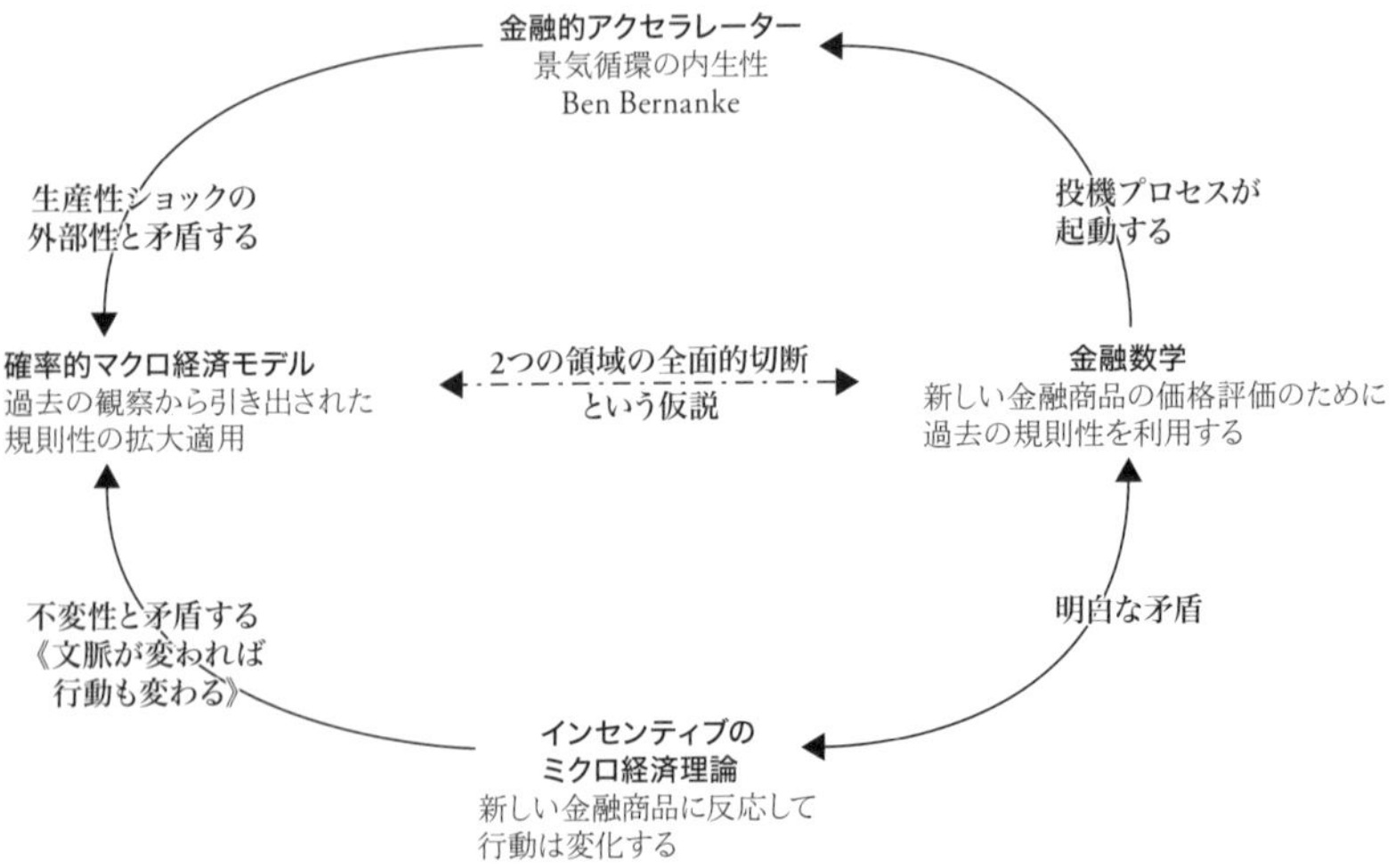
金融的アクセラレーター
景気循環の内生性
Ben Bernanke
生産性ショックの
外部性と矛盾する
投機プロセスが
起動する
確率的マクロ経済モデル
過去の観察から引き出された
規則性の拡大適用
2つの領域の全面的切断
という仮説
金融数学
新しい金融商品の価格評価のために
過去の規則性を利用する
不変性と矛盾する
《文脈が変われば
行動も変わる》
明白な矛盾
インセンティブの
ミクロ経済理論
新しい金融商品に反応して
行動は変化する

図 3–3　マクロ経済学における矛盾的アプローチの共存——その一例

・同じく、金融的アクセラレーター・モデル〔第2章注（2）参照〕は内生的景気循環の存在のうえに構築されたが、他方、実物的景気循環モデル——および確率的一般均衡モデル〔序説注（4）参照〕によるその拡張——は、反対に、景気循環は外生的であり、生産性ショックによって動かされるのだと仮定する。相互の矛盾は明白なのに、二〇〇八年危機以前には研究者たちはこの矛盾を気にかけていなかった。各人は自らの「認識論的コミュニティ」の賛同を得ながら分析を進めていた。それゆえ、矛盾および／あるいは誤謬を含む無数の解釈が共存しえていた。こうした研究プログラムにおけるアノミーは経済学に固有なものでない。というのも経済学は、数ある社会諸科学に強い影響を与えているからである（Akerlof et Michaillat 2018）。

以上から、ブリティッシュ・アカデミーの困惑した回答が説明される〔序説参照〕。専門化によって遠のいてしまった「理論」の整合性を保証する役目を誰も負わなくなったのであり、そのなかで各人は最善を尽くしたのだ、と。いわゆる新古典派理論は空虚な要塞となり、もはや多くの擁護者をもっていない。各研究者は経済学の核心的分野とは別の分野を研究しているといった始末である。

# 第4章

# マクロ経済学のミクロ経済学的基礎の研究はいかに危機を深めたか

ミクロ経済学とはちがった分析としてのマクロ経済学が形成され、それが普及し、成功し、やがて危機に陥り、結局はミクロ経済学によってマクロ経済学が吸収されていき、研究の前進によってそれも陳腐化してしまったわけだが、いまやそうした一連のつながりを辿ってみる時がきた。そしてその新しい古典派経済学も、それはそれで最終的には危機に突入してしまった。そういった理論の長いサイクルは、この学問分野の内的要因と経済の構造転換との組合せによって説明される。こういった説明を提起するつもりだが、それは図4―1から図4―4への推移のうちに総合表現されている。

## 1　マクロ経済学の形成――一九二九年恐慌を説明すること

『一般理論』〔一九三六年〕はケインズの失望から生まれた。彼は自著『貨幣論』〔一九三〇年〕を完成させたばかりであったが、それによっては一九三〇年代のイギリス経済における以下の二つの特徴的現象を理解することができなかった。つまり一方で、経済活動の持続的回復が見られないことであり、それは貨幣的要因の影響がある場合における景気循環の推移にかんする仮説と矛盾するものであった。他方は、大量失業が持続していることであり、これは賃金変動による労働市場の調節という仮説と矛盾するものであった。それゆえ、アルフレッド・マーシャルおよびその後継者の理論におけるいくつかの仮説に立ち戻る必要があった（図4―1）。

・いちばん根本的なことは、たんなるリスクでなく不確実性[1]が支配的になっているので、例えば投資の意思決定に際して合理的計算という希望が役に立たないという点である。だから投資決定は、主観的評価に基づいてなされねばならず、その主観的評価は金融市場から生まれた慣習的《コンベンション》行動によって枠をはめられている可能性がある。

・投資の意思決定こそが第一義的なものであって、それは有効需要の水準を、したがって雇用の水準を決定する。これはそもそも古典派の均衡理論とは何の関係もない。労働市場は生産物市場の不均衡によって動き、したがって賃金調節は古典派理論が言うような効果を示さない。

・結局のところ、個人レベルで妥当する因果関係は経済総体の次元では観察できないのであり、そこから集計化された変数――のちに国民経済計算によって測られるようになったもの――のレベルでなされる分析が必要となってくる。例えば、ケインズ的な見方によれば、不完全雇用が存在する場合、貯蓄率の引上げは消費を低下させ、それゆえ最終的に投資を低下させる。これはミクロ経済理論が仮定したメカニズムとは正反対のことである。

『一般理論』を注意深く読むと、他の各種メカニズムをモデル化するための多くの道が見えてくる。

---

(1) **不確実性**　起こりうる結果の確率を知りうる「リスク」とちがって、その確率が不明ないし確率付与が無意味なケース。根本的不確実性ともいう。

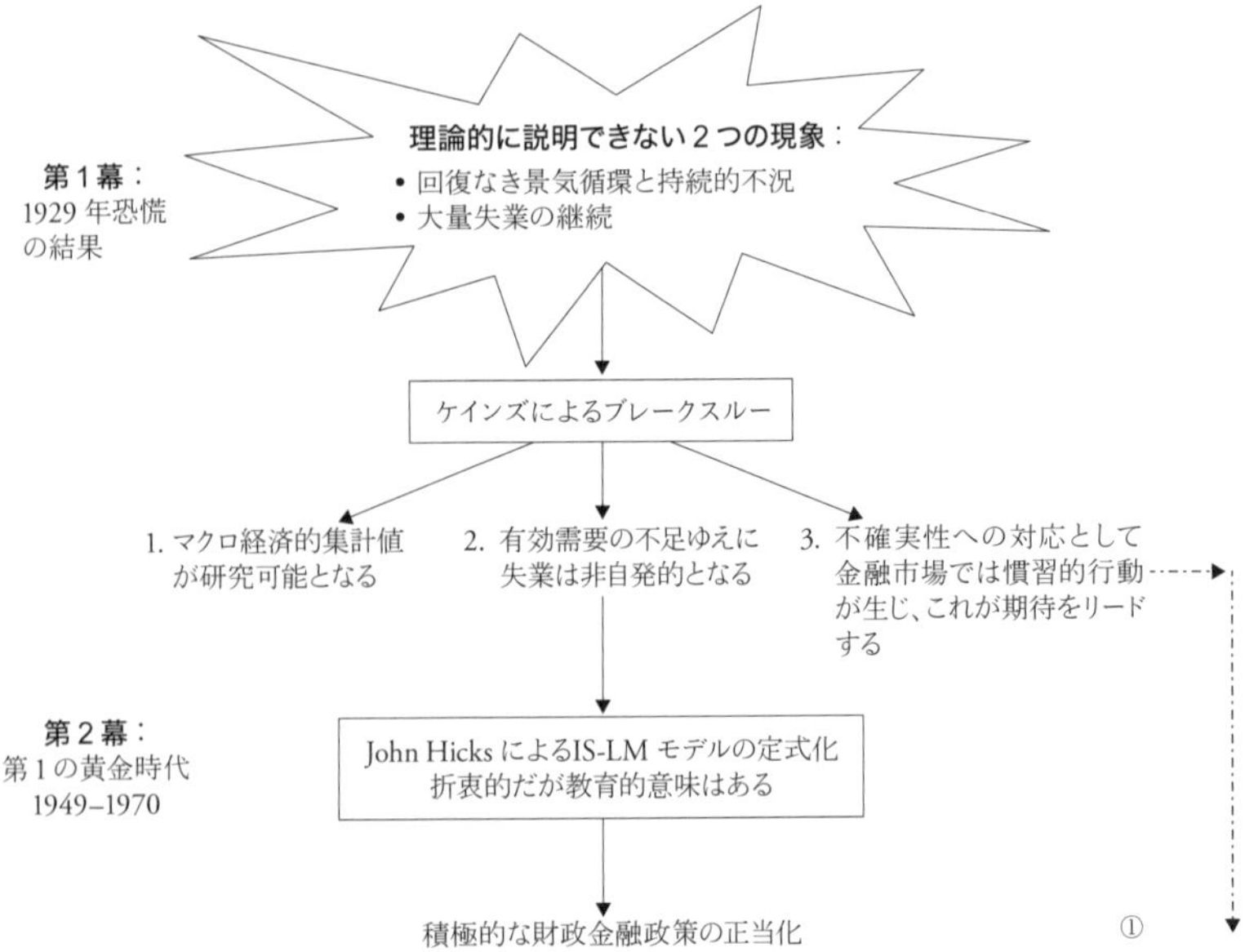


**図 4–1　大きなアノマリーは古典派理論の各種仮説の再考を必要とする**
**――ケインズのメッセージ――**

もっとも、根本的不確実性といういちばん本質的な困難性のゆえに、予測とか、経済政策の理解に必要なシミュレーションとかのために利用しうるモデルのうちに、それを簡単には定式化できないことは知っておこう。また、ジョン・ヒックスがＩＳ－ＬＭの名で提起したごく簡単なモデル化は、一方で貯蓄と投資、他方で貨幣供給と貨幣需要を交差させた調節に基づいたものであったが、それはきわめて多数の計量経済モデルの基準となって応用されていき、財務省や中央銀行によって利用されていった。強調しておかねばならないが、このモデルはケインズの賛同を得ていなかったのであり、彼は経済プロセスを定式化する可能性にかんして大いなる疑念を表明していたのである。

ここに国家による必要な介入を正当化する理論的出発点がある。国家は完全雇用を達成し、経済不安定性を縮減し、投資の効率的配分を促進するために行動しうる唯一の存在だと考えられている。こうした見方は、各国ごと異なったやり方に従ってではあれ、ほとんどの政府によって採用された。ケインズ主義は学界における理論となるとともに、経済政策上の実践となったのである。こうしてケインズ主義の将来は成功と結びつけられ……あるいはまた、理論的ブレークスルーと各種政治連合の間のこうした同盟——成長様式の仲介者——の失敗と結びつけられた。

## 2　戦後成長レジームの終焉時におけるケインズ理論の再検討

このモデルの枯渇はさまざまな変化をもたらしたが、そうした変化のうちにはこの枠組みでは分析困難な事態の進展が含まれていた。生産性減速の影響や、国民所得の分配にかかわる紛争の拡大といった影響があり、しかも金融政策は寛容的だったので、インフレが加速した。石油価格の暴騰が関連する各種緊張を深刻化させ、経済活動の低下にもかかわらず持続的な高インフレを引き起こしていると き、ケインズ理論による予測は欠陥あるものと思われた。需要から供給へと分析を移動させる必要があり、供給は収益性および／あるいは物理的生産能力によって制限されているというわけだ。ケインズ主義に反対するための戦略的な知的装備は、成長様式の閉塞を観察することから得られたこれらの変則的事態《アノマリー》を、マクロ経済理論にはミクロ経済学的基礎がないということとうまく結びつける点にあった。

けれども、そんなふうに結びつけるのは自明なことでもなかったし、今後もそうであろう。というのは、これとは別の研究作業が多数登場し、そのうちのいくつかは、今から振り返ってみると妥当性があるように思われるからである（図4―2）。

・マクロ経済学の基礎をもっとしっかりさせるためには、まずは、異質的諸個人の一連の行動について、その完全ないし近似的な集計ができるかどうかの研究が必要である。この研究プログラムは若干の偉大な数理経済学者によって開始され、興味深い成果が生まれた。例えば、所得の異質性が十分に大きいと、価格につれて需要が減少することを予想しうる（Grandmont 1991; Hildenbrand 2014）。これがきっかけとなって、きわめて多数の主体を含むモデルの定式化がなされ、場合によっては、異質的行動の結びつきから現れ出る特性としてマクロ経済的規則性が生まれるかもしれない（Nelson et Winter 1982）。こうした研究プログラムは、ごく稀な例外（Aoki 2004）は別にして、進化論的経済学者以外にはほとんど模倣者はいなかったが、二〇一〇年代になってそのアクチュアリティが再発見されるようになった。

・賃金シェアが拡大した結果であれ、付加価値への強制的課税の結果であれ、利潤の低下が雇用の収縮と結びついていたという事実は、一九七〇年代の失業は有効需要不足によるケインズ的な失

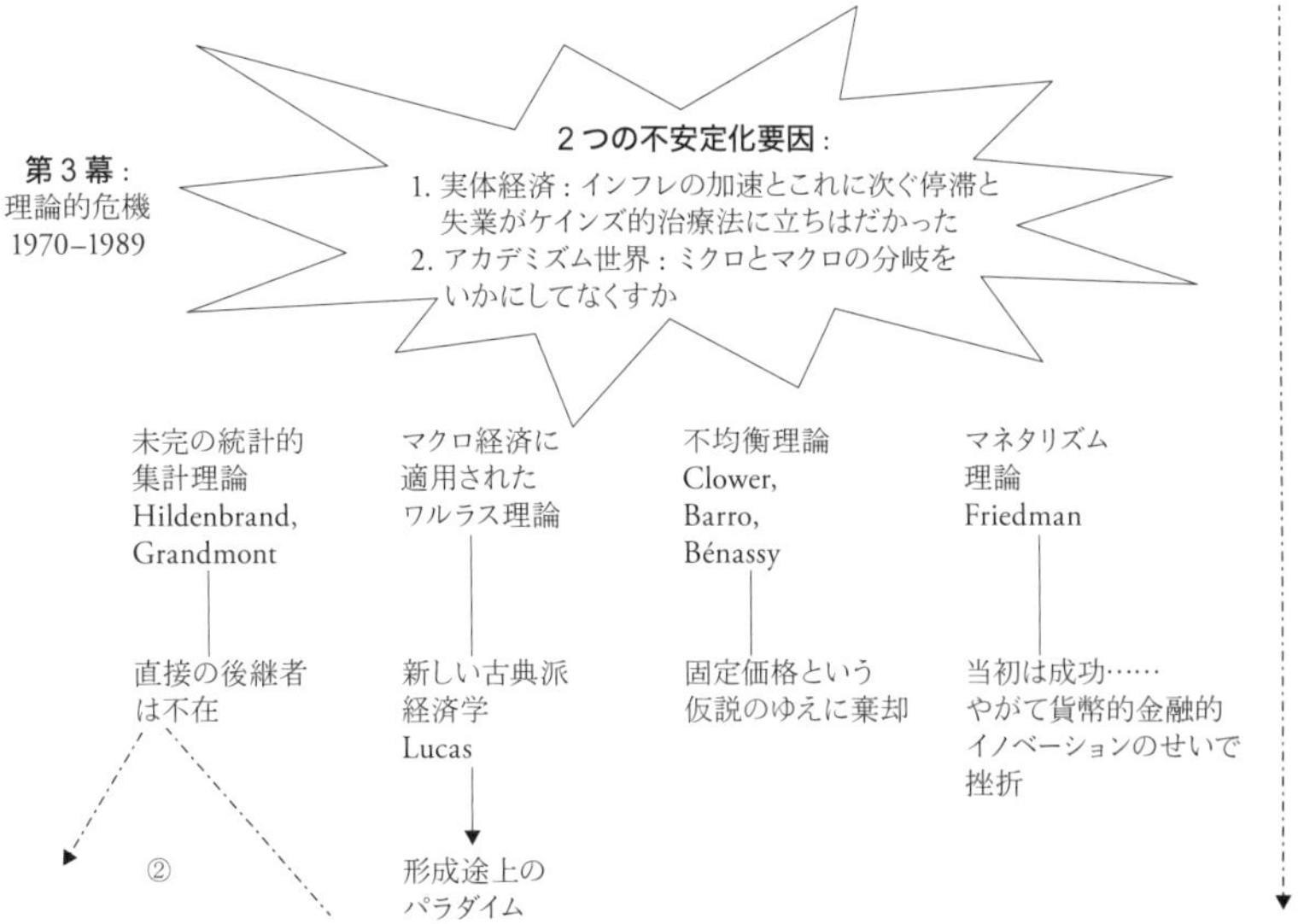
第3幕：
理論的危機
1970–1989
2つの不安定化要因：
1. 実体経済：インフレの加速とこれに次ぐ停滞と失業がケインズ的治療法に立ちはだかった
2. アカデミズム世界：ミクロとマクロの分岐をいかにしてなくすか
未完の統計的集計理論
Hildenbrand, Grandmont
直接の後継者は不在
②
マクロ経済に適用されたワルラス理論
新しい古典派経済学
Lucas
形成途上のパラダイム
不均衡理論
Clower, Barro, Bénassy
固定価格という仮説のゆえに棄却
マネタリズム理論
Friedman
当初は成功……やがて貨幣的金融的イノベーションのせいで挫折

**図 4–2　ケインズ理論への多様な対案**

業でなく、生産性上昇よりも速い実質賃金の上昇による古典派的失業だと考えたくなる。もし利潤の減少が投資の持続的収縮を内含していたならば、生産能力の不足ゆえのマルクス的失業という第三の類型が現れるであろう。こうした直観は固定価格での――つまり割当てをともなう (Bénassy 1984) ――一般均衡モデルによって定式化される。それゆえ、不均衡理論というこのアプローチは魅力的であり、当初はアメリカの仲間たちによって唱えられたのだが (Barro et Grossman 1971)、とりわけヨーロッパの経済学者たちのもとで一定の成功をおさめた。けれども不均衡理論は、市場経済の信奉者に賛同する次のような決定的反論に直面して、学界内部では放棄されるに至った。いわく、規制緩和と自由化を進めている経済にあって、価格の固定性などという考えはどうして正当化されるのか、と。寡占価格の形成という拠りどころをもってしては、マクロ経済学者の国際的コミュニティを説得するには至らなかったのである。

・外見的には、マネタリズム理論の復帰に大変に有利な状況であった。この理論にとっては、インフレとはどこでもつねに貨幣的現象であって、この点、一九七〇年代以降、ミルトン・フリードマンがあらためて普及させたとおりである。実際、失業の増大に対して、各国政府は金融政策の緩和によって対応した。これと同時に企業の供給は低下したので、経済活動の回復でなくインフレの加速が主要な結果となった。マネタリズムの経済学者たちは、第三項排除〔二者択一〕の原理を引合いに出した。いわく、「ケインズ理論が誤っているとすれば、それはとりもなおさず、マネタリズム理論が正しいということだ」、と。観察データとマネタリズム理論のこうした和解は一〇年間つづき、経済政策の新しい方向性を活気づけた。こうして保守的な中央銀行家たちが登場し、彼らはもはや、ケインズ理論が示唆したようなインフレと失業とのベストな裁量でなく、もっぱら物価安定に心血を注いだ。けれども一九八〇年代以降、金融イノベーションが多様化することによって、多数の金融資産が中央銀行貨幣なみに流動性をもつようになった。その結果、貨幣需要が不安定化し、その当然の帰結として、ミルトン・フリードマンの分析への信頼性が失われた。このとき以来、流動性は不動産投機や金融投機へと向かっていった。

こう回顧してみただけでも、現代の多くのアナリストによる解釈に対して異議を申し立てることが許されよう。アナリストは、新しい古典派マクロ経済学の勝利は、新自由主義《ネオリベラリズム》の普及や支配と結びついた不可避的なプロセスだという。しかしアカデミズムの世界のなかでは、これ以外の多数の構図が再考されていたのである。そのうちのいくつかはすでに着手され始めていたが、残念ながら少数派か周縁的なものにとどまった。

## 3　時代遅れのミクロ経済理論の公理が勝利した

一九八〇年代以来、第四の、はるかに原理主義的なアプローチが幅をきかせるようになった。いわく、ケインズ理論が失敗したのは、それが市場経済の内部で相互作用しあっている合理的諸個人の行動分析に基礎づけられていなかったからだ。ケインズ的マクロ経済学がぶち当たったアノマリーが解明されるためには、そのミクロ経済的基礎に戻るだけで十分なのだ、と。というわけで、ロバート・ルーカス（Lucas 1981）が提起した新しいパラダイムの出発点は、一般均衡理論を参照することなのである。第一に、価格は伸縮的であり、それは諸主体による需給調節の結果である。諸主体はその将来所得に応じて借金ができるので、何の所得制約も受けない。したがって失業は自発的なものだ。というのも失業が発生するのは、あまりの低賃金への対応として、余暇をはじめとする時間の別の利用法を考慮しつつ、労働者が退職するからなのだ、と。

雇用水準は、ケインズ理論によれば、需要不足に直面した企業の割当ての結果として説明されていたが、ルーカス的議論の結果として、雇用水準は、個人にとっても企業にとっても、したがって社会にとって、最適な選択の結果として分析されることになる。第二に、国家は有害な役割しか果たしえない。というのも国家は、主体全員が選好した長期均衡を、一時的にすぎないにせよ攪乱するからである。例えば、国家が公共支出を拡大したり、消費回復を願って減税したりしたとしても、諸個人は後ほど増税分を払わねばならないことを予期し、その結果、彼らは自らの長期的状態を最適化しようとするので、その意思決定を何ひとつ変えはしない、と。

こうして、この新しい古典派理論は、政府の行動は本質的に非効率だと結論する。というのも私的諸主体は、貨幣や財政にかかわる公的意思決定に拮抗しうる力をもっているからだ。なるほど彼らは、貨幣供給の増加に直面して一時的にある種の貨幣錯覚の犠牲となるかもしれないが、名目価格水準が上昇するにつれて経済は以前の均衡に戻っていく。というのも適正な相対価格は、一方でテクノロジーの各種可能性が交わる点で、他方で消費者の選好によって形成されるからである。だから、ケインズ的な積極行動主義よ、さらば、となる。経済循環は経済への外部的ショック——ほとんどの場合テクノロジーにかかわるショック——に対する有効な調節の結果として生ずるのであって、生産諸能力の利用率の変化に対する調節の結果として生ずるのではない、と。

こうした議論は、マクロ経済的定式化や一般均衡モデルへと収斂していくので、原理主義的な市場経済アプローチへの復帰にとって大変に好都合な文脈をなしている。このモデルで役割を演じるのは、生産物、労働、貨幣という三つの市場にわたって相互に作用する一つの企業と一つの代表的家計であ

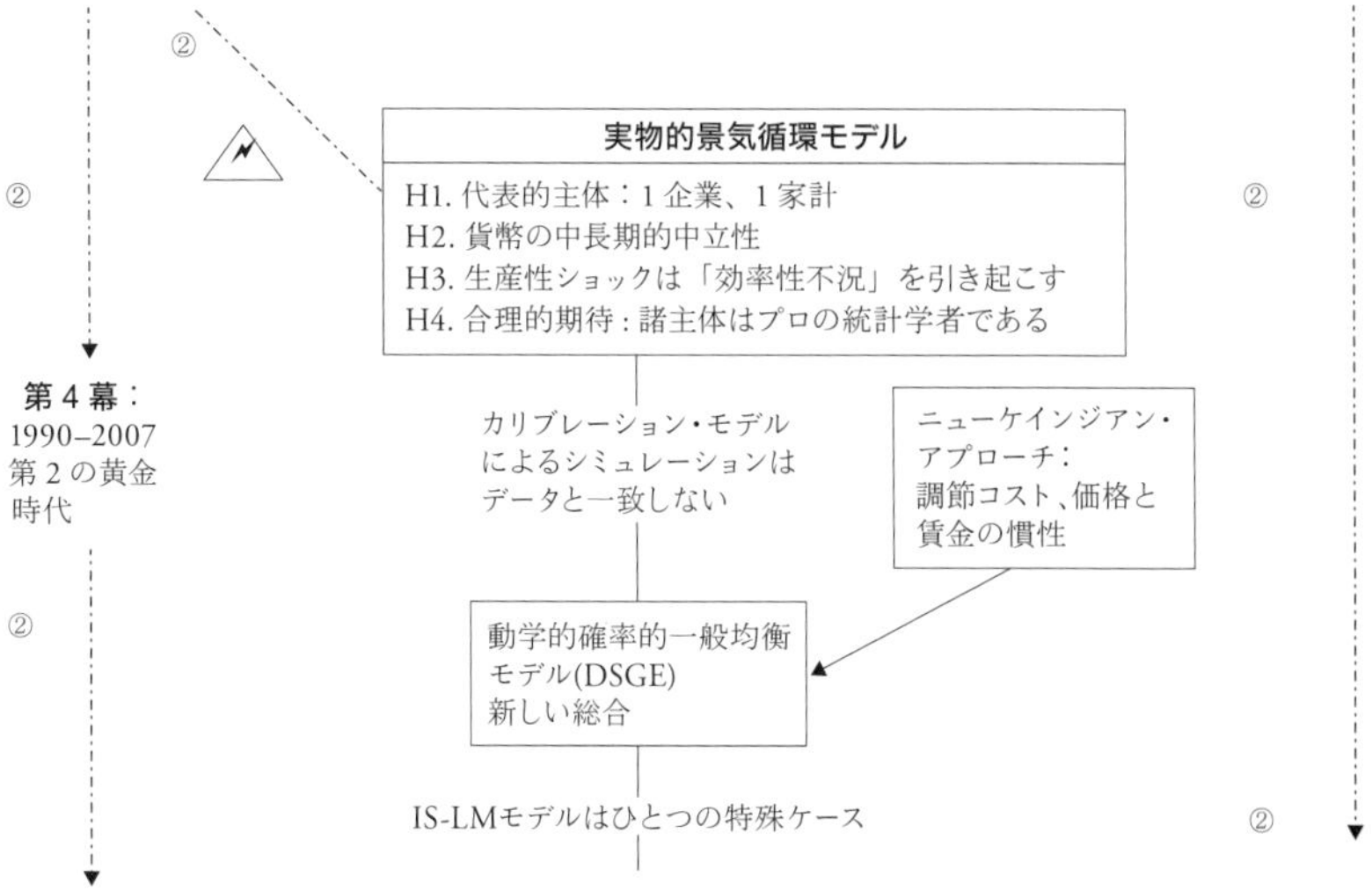
②
②
実物的景気循環モデル
H1. 代表的主体：1 企業、1 家計
H2. 貨幣の中長期的中立性
H3. 生産性ショックは「効率性不況」を引き起こす
H4. 合理的期待 : 諸主体はプロの統計学者である
②
第 4 幕：
1990–2007
第 2 の黄金
時代
カリブレーション・モデル
によるシミュレーションは
データと一致しない
ニューケインジアン・
アプローチ：
調節コスト、価格と
賃金の慣性
②
動学的確率的一般均衡
モデル(DSGE)
新しい総合
IS-LMモデルはひとつの特殊ケース
②

**図 4–3　経済の自動均衡化を仮定する一連の仮説**

る。これら諸主体には合理性が賦与されていて、それによって諸主体は自らの行動の長期的結果を予測することができ、それに少々失敗しても長期的には帳消しにすることができる。ワルラス・モデルにふさわしく貨幣はヴェールであり、したがって中央銀行による貨幣供給は、相対価格体系における一時的な攪乱をもたらすにすぎず、結局は長期的な均衡価値へと収斂していく。だから貨幣は中立的である。ショックがなければ、経済は永久に均衡することになり、この均衡は、自然資源や生産諸要素をこれ以上有効に利用しえないという意味で、効率的である。繰り返し起こりはするが外生的な生産性ショックのみが経済を動かす。ショックが中程度ならば経済は減速し景気後退《リセッション》に陥り、ショックの程度が大きければ不況《デプレッション》となる。とはいってもこの不況は、経済の構造的安定性を再検討に付すものではない。統計の専門家、代表的家計、代表的企業が計量経済学的な推定をおこない、それによって、外来の偶然事がもたらす攪乱があろうとも、それを超えて作用している規則性が探知されるのだ、というわけである（図4—3）。

## 4　金融の乱入とその危機に目を閉ざす経済学者

理論的予言と観察結果の分岐は二〇〇八年九月以降、大いなる乖離へと変貌を遂げた。実際、危機は銀行間取引の遮断となって現れ、理の必然として経済に対する信頼の喪失となって現れた。ところが、教科書的モデルでは、中央銀行貨幣しか考慮されておらず、商業銀行が与える信用は考慮されていない。けれども金融危機の歴史が教えるとおり、ほとんどの金融危機の原点には過大な信用膨張がある。だから信用も金融もないマクロ経済学の妥当性について、いったいどう考えたらいいのだろうか。あたかもこれと符合するかのように、金融数学はオプション価格の分析において、マクロ経済の永久的安定性を想定し、あらゆる資産市場の完全なる流動性と厚みを想定している始末である。金融のサイクルがマクロ経済的ダイナミクスにおいて決定的なものとなっているとき、サブプライム危機は二つの専門分野〔教科書的マクロ経済学と金融数学〕の間の無人地帯《ノーマンズランド》みたいなところで起こったのである（Aglietta 2018）。

もっと根本的な問題として、あれほどのマイナス・ショックの後でさえ各国中央銀行が利用している教科書的モデルにあっては、経済は結局は以前の成長経路に戻るのだとされており、それゆえ、二

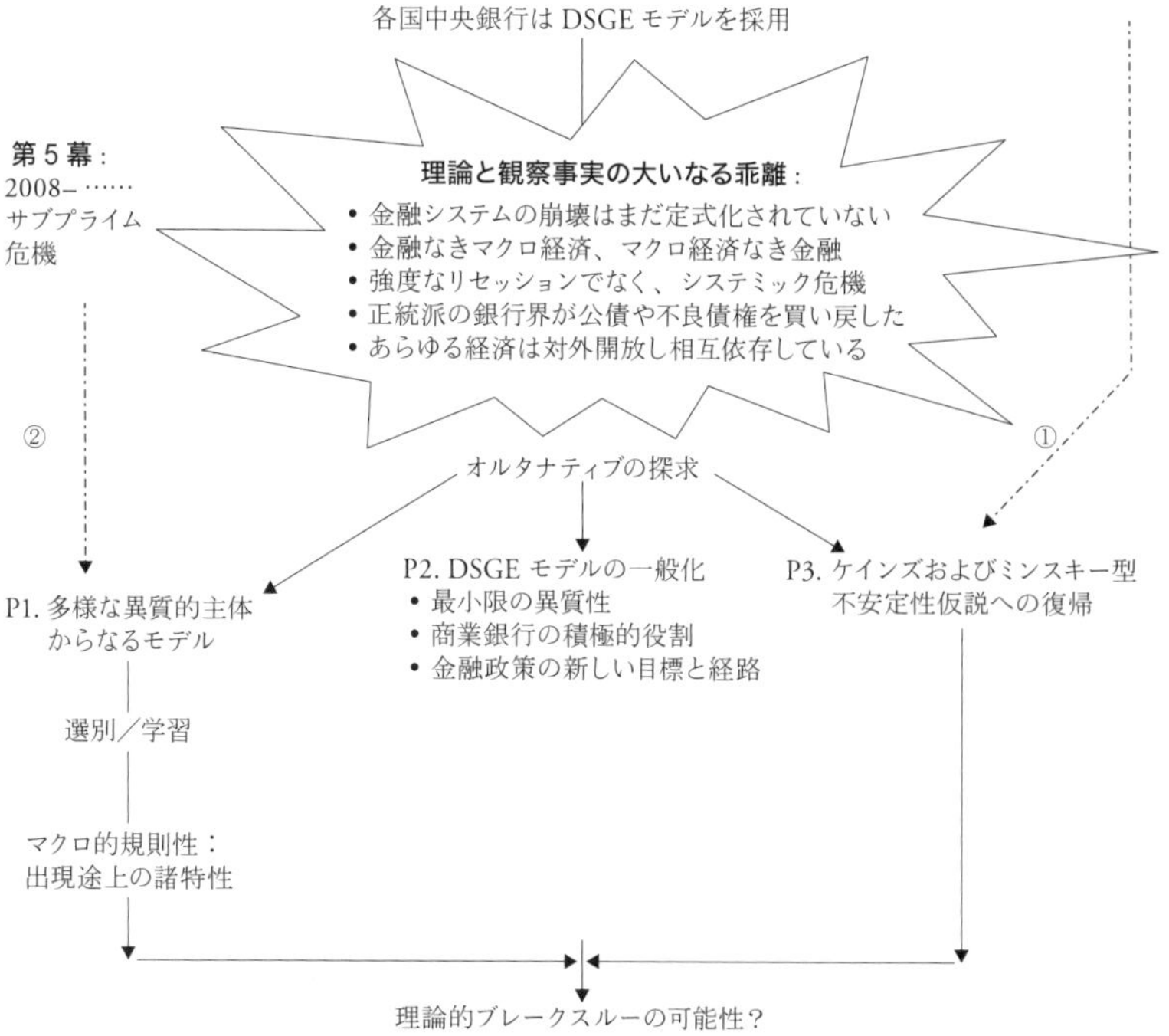
各国中央銀行はDSGEモデルを採用
第5幕：
2008–……
サブプライム危機
理論と観察事実の大いなる乖離：
• 金融システムの崩壊はまだ定式化されていない
• 金融なきマクロ経済、マクロ経済なき金融
• 強度なリセッションでなく、システミック危機
• 正統派の銀行界が公債や不良債権を買い戻した
• あらゆる経済は対外開放し相互依存している
②
①
オルタナティブの探求
P1. 多様な異質的主体からなるモデル
P2. DSGEモデルの一般化
• 最小限の異質性
• 商業銀行の積極的役割
• 金融政策の新しい目標と経路
P3. ケインズおよびミンスキー型不安定性仮説への復帰
選別／学習
マクロ的規則性：出現途上の諸特性
理論的ブレークスルーの可能性？

**図4–4　マクロ経済学の再構成がふたたび必要となる**

〇〇八年九月以降危惧されていた危機類型たる累積的不況を定式化することができない。このモデルは安定均衡しか定式化しないので、その体系からしてそんな大事件はありえないとされる。ところが多くの指標が示唆していたように、アメリカ経済はその安定圏域をすでに越え出ていた。アメリカ経済は大規模金融機関に対する迅速かつ広範な公的支援によってしか、回復しえない運命にあった。それゆえ、保守派の中央銀行関係者は、伝統的に物価の安定しか眼中になかったはずなのに、不良資産や経済にとって問題含みとなった債権を買い取らざるをえなくなったの

だが、これは健全経営という旧来の原則に対する明らかな侵害であった（図4―4）。

## 5　経済学は科学となったのか

認識論や科学方法論の専門家の見解を参照することが大切だ。カール・G・ヘムペルは科学革命の構造についてのトーマス・クーンの仕事を解釈しなおした人物だが、その彼に従うならば、以下のような定義から出発することが有益だ。

理論は――できれば定量的な――精密な予言を提供するものでなければならない。理論は正確でなければならず、つまり、そこから引き出される結果が実験テストの成果ときちんと一致していなければならないということだ。理論は、理論それ自体とも、また隣接分野で一般に受容されている諸理論との関係においても、論理的に首尾一貫していなければならない。理論は前例なき諸現象を予言するものでなければならない。前例なき諸現象とは、理論が定式化されたときには、それら諸現象は知られていないか考慮されていなかったという意味である。理論は簡潔で実り多い《フルーツフル》ものでなければならない。

(Hempel 1984: 22)

こういった判定基準は科学の――厳しい――地位を確認する点からはかけ離れている。

・予言を過去の観察事実と一致させようとする数々の模索をしても、ひとたびモデルの評価や検査の対象となった時期以外のところでそのモデルを使おうとすると、お粗末な予言能力しか示さないと思われる。
・実物的景気循環《リアル・ビジネスサイクル》モデルや動学的確率的《ダイナミック・ストカスティック》一般均衡〔DSGE〕モデルは、ミクロ経済学の論理のなかに堅固な基礎をもつものとして示されているが（Kydland et Prescott 1982; Lucas 1981）、いっそう注意深く検討してみると、その仮説は――一般均衡の数学者たちが証明した――ミクロからマクロへの移行の不可能性と矛盾していることがわかる。
・加えてさらに、経済学では、いかなる理論もいまだかつて、理論が構築された時点では見られなかった現象を予測しえたためしがない（Malinvaud 1990）。実際、例えば一九二九年と二〇〇八年という二大危機の原因にかんしていまだ一致した診断に到達しえていない学問にとっては、これは過大な要求である。
・右の諸モデルは、他の研究分野が教えるものとももはや整合的でない。例をあげれば第一に、内生的成長理論(2)は、テクノロジーの進歩は外生的だと考えるのは間違いだということを、多くの研究者に納得させた。というのもテクノロジーの進歩は、標準的製品をめぐる苛烈な競争から抜けだそうとする企業のイノベーション努力の結果だからである。情報技術の革命やバイオテクノロジーの進歩の時代にあって、ヘリコプターが新製品や新生産プロセスをまき散らしてくれるなんてことを、今なお信じることなどできようか。加えて、景気後退時に、以前の時期における最も効率的な技術はどのように機能していたかについて、奇妙にも企業家がこれを忘れてしまうなどと信ずるのは、根拠のあることなのか。

・第二の例はこうだ。需要の不確実な動きに直面したときの雇用調節の力学にかんする研究によれば、およそ予期せざる景気後退は生産性の低下となって現れる。……このことは新しい古典派理論が採用した逆の仮説――生産性の外生的性格を仮定している――に対して、深刻な疑問を投げかける。アメリカの不動産危機の原因は、不動産部門において事前に生産性が低下したことにあるなんていうことを、まじめに肯定できようか（Minford 2009）。

・というわけで、結果を原因と取り違えるのは、厳密性と適合性を犠牲にして創設的原理への忠誠を特別扱いするモデル化にともなう典型的な誤謬ではなかろうか（Romer 2016）。事実、マクロ経済学の歴史が示すところによれば、これらの判断基準の間の均衡は持続的には決して達成されなかったのである。こうした緊張関係は分析に値する。というのは、これは経済学の他の細目的分野にも共通しているからである。

---

**（2）内生的成長理論**　従来、経済にとって外生的なものと仮定されていた発明や技術進歩を経済のうちに内生化し、これによって持続的経済成長の可能性を提示したローマーの理論。

# 第5章

# 形式的整合性は経験的適合性を保証するものではない

モデル化ということが経済学者の特権的なツールとなった。モデル化によって、推論の連鎖における厳密性が要請されることが明らかとなり、多様な各国言語の壁を越えてコンパクトな形でのコミュニケーションが可能となった。ところがしかし、モデル化を実際に行おうとすると一連の障害にぶつかる。

## 1　分析結果が簡単に得られるような仮説を立てること

これらのモデルには起源を異にする各種仮説が含まれているが、ある共通の特徴がある。つまりその根底には、ライオネル・ロビンズ『経済学の本質と意義』原著一九三二年」による経済科学の定義に則って、それは稀少財の代替的諸用途への配分における効率性を追求する学だとする特徴である。そこから制約条件下での最大化を求めることが正当化されてくる。つまり企業は、技術的可能性や生産要素費用という制約下で利潤の最大化を、個人は所得制約下で効用の最大化を追求するというわけである。一般均衡理論は、そのもとで企業や個人が出会って均衡を生みだし、しかもその均衡は当初に与えられた状態のもとでの最適配分に照応するというような、そんな一般的仮説を明示した。これに反して、結果を得るためには、技術レベルでの他の追加的な仮説が必要なことが分かってきた。こうして、経済学のプロジェクトはポール・サミュエルソンに倣って、できるだけ分析的な解を得ることを目指すようになった。こうした要請に服するにはモデルが十分に内容豊富な場合には、シミュレーションから引き出される解を目指したりはしなかった。
こうした戦略は、結論の一般性に対して数々の有害な偏向をもたらす。

・生産諸要素の代替可能性[1]という仮説は、例えば、所得の機能的分配についての（新）古典派理論にとって決定的なものであり、事実、この仮説は多くのマクロ経済モデルの中核にしばしば見かけられる。一例として、資本と労働の代替可能性は長期成長経路を安定化させると言われるが（Solow 1956）、他方では反対に、この両者の補完性は不安定性のリスクを増大させると言われ、これはケインズ的伝統のなかで証明された（Domar 1957）。新古典派とケインズ派との理論的論争としてしばしば提示されるものは、生産技術の性質にかんする不一致に由来しており、要するに本質的に経験的な問題に由来しているのである。ところが計量経済学が示唆するところによれば、短期の相対価格に対する一人当たり資本の弾力性は小さいのであり、これによってヴィンテージ・モデル[2]の利用が正当化されているのだが（Salter 1960）、しかしこれは理論的研究ではめったに採用されていない仮説である。また別の限界として、企業の経営というものが価格シグナルに対す

(1) **生産諸要素の代替可能性**　例えば資本と労働という生産要素について、相対価格の変化にともない、割高な方を減らし割安な方に遅滞なく代替させうるという考え方。
(2) **ヴィンテージ・モデル**　資本の製造年次を考慮に入れたモデルのことで、そこでは、技術進歩の効果は新規投資によってはじめて具体化されるという考え方が強調される。

る自動制御的《サイバネティック》な反応に還元されてしまっているが、企業の特徴は、経営の各種要素や各種ツールの間の補完性の組織化にあるのであり（Milgrom et Roberts 1990）、したがって代替可能性とか、それゆえまた価格体系の変動による調節とかいったことには限界があるのである。

・上下両方向への価格の伸縮性というのは明らかにテクニカルな仮説である。この仮説が事実上前提としているのは、価格はもっぱら需要と供給を調節する役割を果たすだけだということである。価格は効率的な資源配分の仲介者とされているので、価格のうちには公正面での判断は含まれないし、価格が慣習的行動——アクター間の合意——を参照するというわけでもない。ところが賃金は明らかに価値判断の対象であり、社会的規範への応答なのである（Akerlof 1982）。そこから生ずる「硬直性」は失業を生みだすがゆえに、ほとんどの経済学者は経済合理性からの乖離だと認識している。けれども賃金は、経済が社会とその力関係に埋め込まれていることの指標なのである。例えば報酬の制度は、労働強度をコントロールする道具となりうるのであり、もはや労働市場の均衡化の道具ではない（Lazear 1995）。このように標準的分析は、経済学を混りもののない〔純粋市場的な〕賃金理論にしてしまう。事実、この分析は規範的アプローチを押しつける。市場はどう機能すべきか、その結果として社会はどう改革されねばならないか、——これが政府の課題だというわけである。

・多くのモデルは経済調節の可逆性によって特徴づけられている。一連の行動は時間の矢を逆転させることによって、おそらく帳消しにできるというわけである。こうした特性は、一個あるとされる均衡点の近傍でモデルを線形化することに由来している。けれども、非線形性が常則だということを考慮すれば、モデル化はある均衡から他の均衡へと大きくジャンプし、以前の均衡がパレート優越的であっても元に戻りえない可能性がある（Thom 1974）。ヒステレシス現象[(3)]が頻繁に起こる。一国通貨の一時的な過大評価は、一部の生産システムを破壊し、それゆえに成長経路に悪影響を及ぼすことがある。投資の減退は、後に投資回復があった場合でも、結局は潜在的成長を持続的に低下させる。最後に、長期失業者はその能力が破壊されるので、彼らが雇用に復帰するには長いあいだ悪影響をこうむる。こうして一連の短期的不均衡は長期的経路を変えてゆく。このような経路依存性という属性は（Arthur 1994）、短期変動とは無縁な成長レジームの存在を前提する標準的モデルには存在しない。短期変動を無視するこの仮説は、モデルのパラメーターを特定化するために必要なのであり、モデルがマクロ経済学者のコミュニティによって受容されうるために、モデルが満たさねばならない判定基準の一つなのである。歴史学の方では、とりわけ技術史によってこのような経路依存性の実例がしばしば示されている（David 1988）。実際それは、経済レジームそのものを構成しているのである。

・というわけで、経済理論は本質的にニュートン物理学的運動の時間を扱っているのであり、そこ

---

（3）**ヒステレシス現象**　あるシステムの状態が現在だけでなく過去の出来事の影響を受けて変化する現象。履歴現象、履歴効果ともいう。

では諸メカニズムが不変の総体をなし、それによって規制された各種戦略が繰り広げられているということになる。現代の理論では、計算の時間、諸主体による企画の時間、それらの相互作用の結果としての進化の時間が絡み合っている（Dupuy 1991）。金融市場はこうした予測と実現の乖離によって動いている。そこにまったく欠如しているのは歴史的時間であり、組織、ゲームのルール、技術、生活様式の変容の時間である。以上から、新しい古典派の信奉者たちが二〇〇八年危機を予測したり、事後的にでさえその原因を分析したりすることができなかったことが説明できる。彼らは、経済や社会の他のあらゆる領域に対する金融の支配が、蓄積のダイナミクスをまずは秘かに、次いで急激に変えてしまったということを理解できない（Boyer 2015）。たとえ進化論的アプローチによってマクロ経済的規則性の出現が説明されえたとしても（Dosi 2014）、しかしそれはシミュレーションの時間しか扱っていないことを認めざるをえない。そこには、社会諸関係を新しく体系化した集合体の内部に存在する、密度の高い発明の時間というものが存在しないのである。

・以上の考察から、三つの結論が浮かび出る。第一に、モデルはアイデアを技術的対象へと変換することを要求するのであり、そのことは、経済のなかに共存している各種メカニズムが豊富にもっているものを単純化することを要求する。第二に、定式化によって、これら諸メカニズムの一つひとつを分離して考察することはできるが、その全体を考察することはきわめてむずかしい。それだけにモデルは、その作成者にとってさえ説明不可能なブラックボックスに変身してしまうのである。結果として第三に、経済学における定式化は正式な意味での科学ではなく、一つの技法《アート》なのである。内生的なものと外生的なものをどう区別するか、分析対象をどう切り取るか、各種メカニズムの錯綜――これはモデルのわかりやすさや説明力を損なう――に至ることなく最も妥当なプロセスをどう選び出すか。

それなのにすぐれた経済学者、いな有能な経済学者すら、類いまれな存在なのである。平易で、しかもこれに抜きんでた人のきわめて乏しい学科！　こういうパラドックスの説明は、おそらく、経済学の大家はもろもろの資質のまれなる組合わせを持ち合わせていなければならない、ということのうちに見出されるであろう。……彼はある程度まで、数学者で、歴史家で、政治家で、哲学者でなければならない。彼は記号も分かるし、言葉も話さなければならない。彼は普遍的な見地から特殊を考察し、抽象と具体とを同じ思考の動きの中で取り扱わなければならない。彼は未来の目的のために、過去に照らして現在を研究しなければならない。人間の性質や制度のどんな部分も、まったく彼の関心の外にあってはならない。（Keynes 1924: 訳 232-233）

## 2　モデルの地位――その科学的地位の微妙な変化

以上の展開に照らして、定式化の目標についての見方や、この見方に基づく実践がどう推移してきたかについて振り返ってみるのが当を得ていよう。

・ほとんどの経済学者は正当にも公理的基礎という希望を放棄した。その公理的基礎は、一連の下位理論へと厳密に分解されていくのだが、それら下位理論は相互間でも公理的基礎との間でも完全に整合的でなければならないとされていた。経済学者たちは事実上、ニュートン物理学の理想を放棄した。しかしこれを放棄した理由はさまざまであった。つまり、経済の本質的な複雑性とか、アクターたちの再帰的反省《レフレクシビテ》やイノベーションの反復性——これはアクターたちの相互作用を司るルールを変更する——とか、最後には、資本主義のダイナミクスに促迫された経済レジームの歴史性とかが、その理由であった。

・これに反して、モデル作成者の思考実験でしかないモデルが増えてきた。例えば情報の非対称性が支配しているとすれば、そこには何があるのか。賃金は公正性という判断基準をもたなければならないとするならば、賃金はどのように形成されるのか。競争的市場と合理的期待という仮定のもとで、内生的景気循環モデルを構築できるのか。最良の場合には、その成果は、論者のブレークスルーを拡張し、一般化し、検証しようと努力する他の研究者たちの注意を引くであろう。この意味で、別のモデル化の仕方をめぐって知の集積が始まる。けれども重要な点は、あるタイプのメカニズムの概念的解明と、経済で作用しているプロセスの分析とを同一視しないことである。

私は決して、均衡分析が、われわれの体系において有用な機能をもっていることを否定しようとするものではない。然しそれが、指導的思想家たちの数人を惑わして、均衡分析の描く状況が現実の諸問題の解決に直接的な関連をもつと信じさせるようになるならば、その時はまさに、均衡分析は社会過程を扱うものではまったくないのであり、それは主要な問題の研究にたいする一つの有用な準備以上のなにものでもないということを思いおこさなければならない。

(Hayek 1945: 訳 127)

・第三のカテゴリーは、歴史上のある時点で特定の経済に影響を及ぼす特殊な難題を解明しようとする諸モデルからなる。だからその手続きは大いにちがったものとなる。というのも経済学者は、検討対象たる問題の原因をなすメカニズムを解明するために、自ら妥当だと――可能ならば必要かつ十分だと――判断した仮説を抽出しなければならないからである。そのためには理想的には、モデルが整合的であること、特別《アドホック》な補助的仮説の追加が最少であること、そして、問題となる現象の出現を条件づけるパラメーターの価値を目立たせる必要があることが要請される。どんな政策がこれを乗り越えうるのかと政策決定者によって尋ねられたら、経済学者は計量経済学の技術を動員し、計量経済モデルの助けをかりて実行された予言が受容可能となる蓋然性を評価しなければならない。私の知るところでは、そんなことは応用経済学で日常的になされていることではまったくない。論者たちはしばしば、モデルの射程を過大評価したり、モデル化の実行中に累積していく不安定性を最少化したりするという弱点をかかえている。

という次第で、ダニ・ロドリックが経済学の差別的特徴はモデル化にあると考えたかぎり、それは正しい。しかしそこから、この学問分野は科学となったと結論するとき、彼は行きすぎを犯してしまった。経済分析の創設者たちや一般均衡の数学者たちの科学的目標と、各種研究プログラムが今日細分化されてこの学問分野の堅固な核を定義できないでいること、――その両者は大海原によって隔てられているのである。

## 3 経済学の数学化――そのロジックと限界

経済学者は、自分たちの専門分野は科学だという変わらぬ感情をいだいているが、これは説明に値する。社会学者、政治学者、さらに歴史学者はそんな妄想には取り憑かれていないように思われる。これら諸専門分野にあっては、定式化がなされても、それは認知や評価の判定基準となりはしなかった。反対に定量化は経済学に固有な特徴をなす。実際、経済学的分析の核心をなす商品関係は、異質の財の集合を一個の相対価格体系へと転換させる。

古典派理論にあっては、貨幣は相対価格を名目価格へと変換するものであり、マネタリズム理論は、一般物価水準は貨幣供給量によって決定されるという仮説のうえに立っている。貨幣は商品関係を創設しその基礎をなすものだが、その貨幣にかんする現代の諸理論が強調するところによれば、貨幣はどれほど多く社会諸関係の集合を数や量に変換したかということである。経済学の言語は算術的であるがゆえに、これらの尺度がいかなる定量的関係をもっているかを調べるのは理にかなったことである。自然は数学化可能だということに、アインシュタインは時に驚きを隠さなかったが、多数の経済学者たちにあっても、自分たちの専門分野も数学化できるというのが共通の直観であった。二つの領域で——つまりまずは商人や企業にとって、次いで何世紀か後に国民国家にとって——会計が考案されたのだが、そうであるだけになおさら、この会計によって関連する各種情報が組織され、経済分析および最終的には定式化が容易となった。こうして政治経済学の、次いで経済分析の各種カテゴリーが次第に錬りあげられてきた。

それゆえ経済学の数学化は奇妙なことでなく、不条理とはいえない誘惑の表現である。しかし、経済は社会や歴史のうちに埋め込まれているのであって、こうした明白な特質からして、経済諸量間の関係には物理学の法則がもつ完全性も安定性も存在しないのである（Jensen 2018）。

・一個同一の文脈に前にしても多様な行動が支配的となるがゆえに、諸主体は単子《モナド》、つまりその環境に影響を与えない原子《アトム》などではない。その結果、デュルケーム社会学が展開したように、規則性は平均にかかわるのであって、個人にかかわるのではない。諸個人間の水平的関係が稠密になると、純粋理論を頼りにして経済的利害は本質的に重要なことだ言っても、それは妥当しなくなる。諸個人は学習や再帰的反省《レフレクシビテ》をすることができるアクターなのであり、これによって経済の規則性を潜在的に変更しうるのである。

・経済史によって確認されている点だが、技術的な発明だけでなく組織の発明が、新しい社会経済レジームに結晶していく可能性がある。経済学者の課題は過去のルールとの乖離を告発することではなく、こうした変化を診断することである。研究者はせいぜいのところ、過去のレジームを事後的に理解し、その偶然性を測定しようとするにとどまる（Robinson 1974）。

こうして研究者は綱渡りをしなければならない。経済活動に典型的な定量化は数学化への誘いとなる。それはモデル化でもあり計量経済学でもありうる。この二つの戦略は初めから両立不可能だというわけではないが、そのロジックは異なっている。これを拡張すれば、定量化は公共領域にも浸透し、指標による管理運営が求められるようになっていく（Supiot 2015）。その分、経済学者によるモデル化の材料となるわけだ。

## 4　もう一つの研究方法――統計的規則性の検出と説明

マクロ経済学者たちのモノカルチャーのせいで、彼らの予測を無効化するような多数の統計的結果が無視されてしまった（表5―1）。例えばＧＤＰの量的成長率の分布は典型的なガウス分布に従って

**表 5–1　DSGE モデルでは説明できない定型化された事実の全容**

| 定型化された事実 | 例 |
|---|---|
| 自己維持型の内生的成長 | Burns et Mitchell (1946) ; Kuznets et Murphy (1966) ; Stock et Waston (1999) ; Zarnowitz (1985) |
| GDP 成長率の分厚いテール型分布 | Castaldi et Dosi (2009) ; Fagiolo *et al.* (2008) |
| 景気後退継続期間の指数的分布 | Auloos *et al.* (2004) ; Wright (2005) |
| GDP，消費，投資の相対的変動性 | Napoletano *et al.* (2006) ; Stock et Waston (1999) |
| マクロ諸変数の交差相関 | Napoletano *et al.* (2006) ; Stock et Waston (1999) |
| 研究開発総投資の景気順応性 | Wälde et Woitek (2004) |
| 信用関係変数の交差相関 | Leary (2009) ; Lown et Morgan (2006) |
| 企業負債と貸付損失の交差相関 | Foos *et al.* (2010) ; Mendoza et Terrones (2012) |
| 銀行危機継続期間の分布は右寄りの非対称性 | Reihart et Rogoff (2009) |
| GDP に対する銀行危機財政コストの比率は分厚いテール型の分布 | Laeven et Valencia (2013) |
| 企業規模（log）の分布は右寄りの非対称性 | Dosi *et al.* (2007) |
| 企業成長率の分布は分厚いテール型 | Bottazzi et Secchi (2003, 2006) |
| 企業間における生産性の相違 | Bartelsman et Doms (2000) ; Dosi *et al.* (2007) |
| 企業間における生産性格差の存続 | Bartelsman et Doms (2000) ; Dosi *et al.* (2007) |
| 企業レベルでの「フラット」な投資率 | Doms et Duune (1998) |
| 企業破産の反景気循環性 | Jaimovich et Floetotto (2008) |
| 企業の不良債権分布は冪《べき》乗則に従う | Di Guilmi *et al.* (2004) |
| 企業規模はテイラー型冪乗則に照応する | Gaffeo *et al.* (2012) |

出典：Haldane et Turrell (2017)

いるのでなく、部厚いテールをもつ分布を示している。というのも、中心値から離れた値が出てくる確率は、正規分布におけるよりも高いからである。DSGE〔動学的確率的一般均衡〕モデルはなぜこうした重大な反論を無視するのか。おそらくそれは、相対立する諸前提に基礎をもつ二つの専門化の結果であろう。

・一方で研究者は、少数の仮説から定式化を導き出し、適切なパラメーターの選択によって、その定式化が観察値を正しく再現するに十分にゆたかであるかどうか検討する。その際、新しい古典派マクロ経済学にあっては統計的検定によるよりも、カリブレーション〔理論モデルの変数を現実に合わせる手法〕によることが多い。

・他方で目標とされるのは、まことに多数の領域（マクロ経済、金融、産業経済）に属する統計系列から適切な情報を抽出することであり、次に、そこから浮かび上がる定型化された事実の目録をつくり、その時間的空間的な頑健《ロバストネス》さを検証することであり、最後に望むらくは、こうした変化を再現しうるメカニズムを提案することである（Haldane et Turrell 2017）。

理念的には、この二つの道は永遠に対立しあっており、結局は、観測結果を説明できないような定式化はこれを軒並み排除することによって、自らを強化する。こういったプロセスはまったく不完全にしか働かない。そんなものは経済学者の中心的な目標でないからである。**表2―1**（第2章参照）と

表5―1を比較してみると、こうした方法論的分岐は明白である。一方は一般的メカニズムを追求し、他方は統計的規則性を追求しているのである。ここに再度、理論的整合性と経験的適合性の間のジレンマが登場する（Backhouse et Salanti 2000）。

## 5　理論と経験、整合性と適合性の間で分裂する専門分野

こうした緊張関係はマクロ経済学の創設以来、ずっとこの研究を貫いているものである。ジョン・メイナード・ケインズの弟子たちが望んだのは、国民経済計算のデータと突き合わせることによって、ケインズの理論的ブレークスルーを堅固なものにし、こうしてケインズ理論をマクロ計量経済モデルへと、つまり金融・財政・租税政策の効果にかんするシミュレーションの土台へと転換させていくことであった（第4章参照）。初めのうちは予測と観察事実はうまく照合していたが、しかし一九六〇年代末以降、インフレの加速とこれに次ぐスタグフレーションを需要ショックの結果だと説明することには無理があるように思われてきた。すでに述べたように、このとき経済学者たちは、これに代わるものとされた二つの道を開拓することになったのであり、事実、それらは別々に展開されていき、傾向的に分岐していった（図5―1）。

・一方でマネタリストや新しい古典派論者は、ミクロ経済学と同じ基礎のうえにマクロ経済学を構

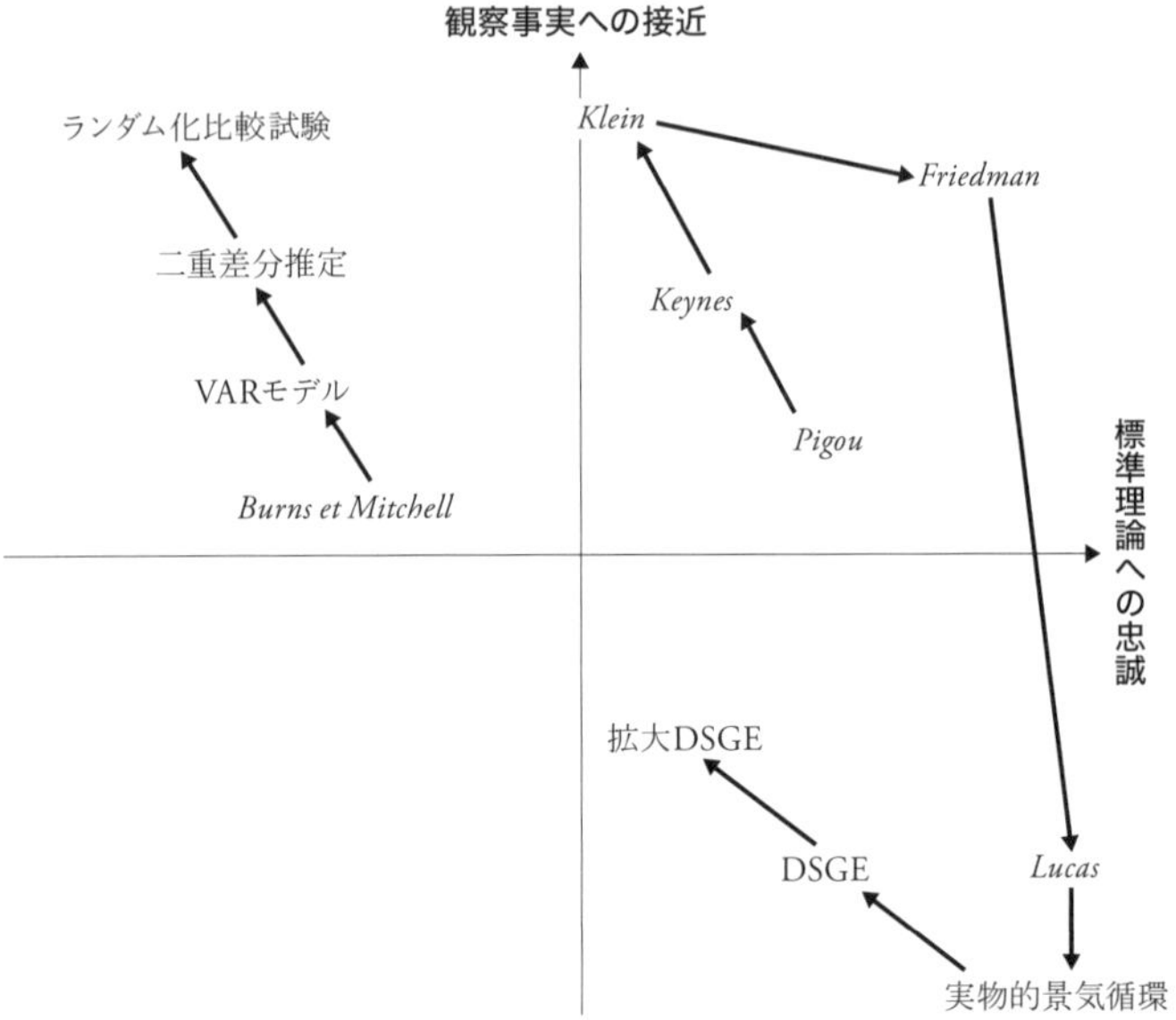


**図 5–1　マクロ経済学における二つの方向性の出現——1940-2008 年**

築するために、合理性や均衡の原理へと回帰していった。これは、観察結果とどんなに乖離していようとも、理論的整合性を選びとる道であった。

・他方で、新しいデータが豊富にあり、時系列についての新しい計量経済学的手法が利用可能となったので、それとともに経済循環の統計分析において新しい潮流が生まれてきた。そこから、短期の変動と、主要なマクロ経済変数間の長期的関係の存在との区別を、もっと厳密に扱うことができるようになった。VAR型（ベクトル自己回帰型）[4]の同時方程式モデルは、確率過程理論[5]へのすばらしい貢献である。最後に、モデル化の問題とは異なった新しい方法で因果関係の問題が着手されるようになった。統計的規則性を抽出することが理論的一貫性よりも重視されるようになった。これは一九七〇年代に始まった大いなる転換であり、以後、ますます明らかになってきた（Backhouse et Cherrier 2016）。

二つの研究プログラムに何十年来かかわった専門家たちはそれぞれに学を深めていき、学の再統一というプロジェクトは消滅していった。

## 6　理論と応用経済学の間における仮説の衝突

いっそう悪いことには、先に述べた二つの研究プログラムの間で、明白な論理矛盾が明らかとなるような状況が存在している。つまり、応用経済学者は理論分析によって無効となった概念をもとに仕事をし、逆に理論家は――自らの定式化の中心的仮説をいくつか再検討せざるをえなくなるような――経験的成果を無視するといった状況が存在するのである。三つの例をあげるにとどめよう。

（4）VAR型（ベクトル自己回帰型）　時系列分析に用いられる計量経済モデルの一つで、ある変数を過去の自身の値で表現するモデルを二つ以上の変数に拡張したもの。

（5）確率過程理論　株価や為替など、時間とともにランダムに変化する事象を確率変数を用いて数学的に記述したもの。なお確率変数とは、偶然的な結果として値が定まる変数のことで、例えばサイコロ投げで1～6のどれか一つの目が出る確率は1／6であり、この1／6が確率変数である。

・集計化された資本ストックを組み込んだ生産関数のモデルは、思考実験的なものから応用的なものまで無数にある。しかしモデル作成者たちは、米英両ケンブリッジの経済学者間でなされた論争〔ケンブリッジ資本論争〕を考慮することを忘れている。つまり、資本の量を労働の量と同じように測ることができ、完全競争下で資本の報酬がそこから派生することを演繹できるのか、それとも、資本ストックの評価に先行して賃金／利潤間の分配が予め存在するのか、という論争である（Harcourt 1972; Arestis, Palma et Sawyer 2005）。コブ＝ダグラス関数(6)の場合、利潤シェアが一定なのは資本に対する生産の弾力性の値で説明されるのか、それとも逆に、所得の関数的分布が一定であることが生産関数の係数の推定を説明するのか。

アメリカ・ケンブリッジ学派は、大西洋の両岸で引き合いに出された各種定式化をうまく使う能力の点で論争に勝利したと宣言した。準生産関数のなかに資本を含めるのを正当化するためにはもう一つの関数が必要なので、これほど不確実なことはない（Samuelson 1962）。論理的にはイギリス・ケンブリッジ学派が説得的であり、経験的には賃金／利潤分配にかんする新古典派理論は、歴史的軌道の多様性や国際比較にあまりうまく対応しない。このとき、資本ストックの測定を自明なものとして採用したこれら諸モデルの結果には、どんな価値があるのだろうか。

・一般均衡が存在するための必要条件にかんする何十年来の数学的研究から得られた結論と、実物的景気循環モデル〔第2章注（6）参照〕およびこれに次ぐ動学的確率的一般均衡モデル〔序説注（4）参照〕の基本仮説との間の大いなる乖離は、なおいっそう懸念されるところだ。この矛盾についてはすでに言及したが、これを再度はっきりさせることが重要だ。一方で数学者たちは、その条件はきわめて制約が強いので（Ingrao et Israel 1990）、具体的な経済で満たされることはまずないという。他方、マクロ経済学者たちは、均衡はその定義からして、短期的にだけでなく長期的にも構造的に安定的だと考えている（Lucas 1981）。この点は、偉大な経済分析家たち（Hahn 1973; Solow 1986）が暴き出した一撃であった。にもかかわらず、こうした虚構のモデルは普及しつづけ、何人かのケインズ派経済学者も参加するまぎれもない仕事を活気づけ、この新しいドクサ――それは科学上の大いなる前進として提示された――に従うよう要請された（Ireland 2004）。大多数のマクロ経済学者がろくな議論もせずにこのような権威者の論法に従ったとしても、初めから間違った問題構成を反証するのは経験の役目である。危機が繰り返され、とりわけ二〇〇八年危機があったので、それらがこの役割を果たしたのである。

---

（6）**コブ＝ダグラス関数**　生産量（$Y$）、資本（$K$）、労働（$L$）、技術革新（$A$）の間には $Y=AK^{\alpha}L^{\beta}$ の関係があるとする生産関数で、$\alpha$ は利潤シェア、$\beta$ は賃金シェアを示し、$\alpha$ はさしあたり一定と仮定される。

・第三の例から以下の点が浮かび上がってくる。すなわち、一連の経験的分析が結論を一つにして明らかにしたある大転換を考慮しないと、そのことはいかに多数のマクロ経済的モデル化の妥当性を低めてしまうかということである。とりわけアメリカにおける不平等の激化がそれであり、なかでも最富裕層が受け取る国民所得部分（Piketty 2013）やその他多数の指標（Atkinson 2015; Branko 2019）が問題である。こうした推移は大部分のマクロ経済的モデル化が採用している仮説を、すなわち代表的主体の存在を無効にしてしまう。実際、貯蓄と投資の分裂、金融市場と不動産市場の動き、専門化の進展といったものは、どれも、不平等の流れによって影響される変数なのである。主体の異質性はモデル化の本質的な要素となるのであり、このことは、実物的景気循環アプローチや動学的確率的一般均衡アプローチの妥当性をさらに低下させるもう一つの特徴をなす。これと反対に、異質的諸主体のモデルは、各々のマクロ経済的軌道は諸主体のどのような分布に対応するかを明らかにすることができる（Dosi 2014; Seppecher 2014; Napoletano 2018）。加えて、マクロ経済的規則性は、個別的推移をマクロ経済的次元で直接現れるロジックの投影だとする問題構成とは反対に、ローカルな相互作用から生まれるのである（De Grauwe 2010）。もっとも、これらはすべて、この職業集団の周縁で長らく命脈を保ってきた啓発的なモデルなのである。

誤りのなかでこのように存続してきたことは分析に値する。それは個人レベルで作用する偶然性の表現なのか、それとも職業組織に由来するものなのか。

第6章

# 経済学界の構造化と専門職業化が研究戦略を形づくる

本書の中心的な仮説は、経済学という学問の進化は、以下の二系列の決定要因の組合せから生まれるというものである。その二系列とは、一方では、大危機（一九二九年、一九七三年、二〇〇八年、二〇二〇年）に際して明白となる経済の変容であり、他方では、アカデミズム内部における研究者たちの概念的および方法論的なブレークスルーである。研究者たちの仕事は自分たちの個人的才能のみを動員するというものではない。彼らは社会的、制度的、政治的な背景のなかにいるからである。つまり経済学者はしばしば君主の顧問であったり、企業や銀行のために仕事をしたりしており、なかには金融イノベーションの中核にいる者もいる。時間の経過とともに彼らがどう組織され、彼らが次第に専門職業化していくことによって、理論的整合性と経験的妥当性を和解させようとする努力に対していかなる結果がもたらされるか、――これらを分析しなければならない。

## 1　この職業集団の超国籍化はそのダイナミクスを変化させる

政治経済学の出発点には、特定の時代の社会にあって最先端の難問に対応すべく、政治的責任者の眼前にひろがる選択肢をめぐる議論があった（第1章参照）。第二次世界大戦後には、復興と近代化（欧州と日本）および／あるいは軍事関連産業の方向転換（米国）といった政府の要請は、オペレーションズ・リサーチ(1)の方法や投資および原材料の最適配分の問題と共鳴していた。まさにこれが経済学という専門分野の中心をなしており、独自な数学的手法によって活気づけられ、その数学的手法によって後に一般均衡理論の諸定理が証明されることができるようになった。アメリカでの公共政策立案者と学術世界の同盟が（Bernstein 2008）、またフランスでの主要な各種テクニカル集団が（Boyer 1976; Fourcade 2010）、理論と公的行動とのこうした一致を証明している。

このような学者と政治の同盟は、ケインズ理論に刺激され、また国民経済計算の躍進に後押しされて、計量経済モデルを構築しようという合意に変わっていった。その後、ほとんどの経済が世界貿易に門戸を開き、経済が次第に国際化するにつれて、イギリスに向けて、次いでアメリカに向けて、一定の研究者の移動が始まった。英米の学術制度や研究センターは、少なくともいちばん優秀な理論家たちにとっては、グローバル化しつつある職業のるつぼとなった。経済の対外開放を先導する任を負った各種の国際組織は、こうした経済学者のプールを求め、彼らは後に――とりわけグローバリゼーションが引き起こした危機の際には――各国政府に指導や助言をおこなった。こうして国際的な研究者コミュニティが形成され、彼らはもはや、各々の国民経済が遭遇するかもしれない固有の問題とは直接の関係をもたなくなった（Fourcade 2006）。強調しなければならない点だが、自らの国民的空間の特殊性に固執しつづける他の経済学者を前にしたとき、国際的コミュニティに属する研究者の観点は、経済政策論争において優位を占めるようになった。経済学者の教育課程もまた、超国籍的となった世界を分析するのに備えて、標準化されていった。経済学部の何人かの経済学者が商業学校――北米のビ

---

（1）オペレーションズ・リサーチ　数学的・統計的モデルなどを使って効率的な意思決定を行う技法。

ジネススクール――へと移籍したが、これもまた、利害関心の中心が金融に向かって移動していることを意味する（Fourcade et Khurana 2013）。ビジネススクールは、その教師や学生を通して、国際化の新たな源泉となった。

職業集団のこうした変容を通して、経済効率の追求ということが大多数の研究にとって、変わることのない共通の課題となった。経済学者は、以前は国民的規模での制度や調整手続き（労働協約、社会保障、累進税制……）をつくりあげるのに貢献していたのに、いまや、こうした装置は競争力に対する阻害物だと認識されるに至った。つまり、これら装置は典型的に市場的なインセンティブやメカニズムに取って替わられなければならない、というわけである。ただし、比較制度経済学の定式化（Aoki 2006）の躍進は、こうした方向性には含まれない。この専門分野の数学化は、昨日には集団的介入の正当化に貢献したとすれば、今日では数学化は、ほとんどの場合、経済の自由化プログラムの同盟軍となり、少なくともそれを正当化している。要するに、経済のグローバル化と超国籍的な経済学の形成とは一致協力して進行しているのである。こうした相乗効果は新しい時代への突入を刻印している。この普遍主義は経済学の科学性についてのもう一つの証拠ではないだろうか。第二の変容がこの専門分野における断絶を表しており、第一の変容を強めてきた。

## 2　金融数学と大量データ処理――経済学の分岐

生産物、サービス、資本の市場が自由化されたので、民間データ――企業の日常的活動、消費者の購買行為、金融市場の建値の帰結――が爆発的にとは言わないまでも、大幅に増加する道が開けてきた。これらが高い頻度で起こったので、独自な統計手法が考案された。情報通信技術（ＩＣＴ）が急速に普及し、統計的規則性を検出するソフトウェアが開発されたので、統計処理の価格が急速に低下した。規制緩和とＩＣＴのこうした相乗効果は三重の影響を与えた。

・第一に、この相乗効果は研究者に、条件付最大化や不動点定理――これはミクロ経済学の、次いでマクロ経済学の核心をなしていた――以外の数学的手法をマスターするよう要請している。確率過程理論〔第5章注（5）参照〕が格別に有効なものとして重きをなすようになった。その結果、若い世代の数学者や統計物理学者が参入し、こうして彼らは自らのツールを人呼んで経済物理学というものに適用する機会を得た。その特徴は例えば、イジング型模型(2)を経済学に転用する点にある（Sornette 2014）。これらの模型のなかには、主体間の水平的相互作用から出発して、一般均

（2）イジング型模型　Modèles de type Ising. 磁石などの性質を表す統計力学上の模型。

衡の手法に触発されたメカニズムとは大きく異なったメカニズムにそって（Grandmont 1985）、株式相場の内生的反転を再現できるものもある（Gualdi *et al.* 2015）。

・第二に、他のすべての研究分野では、大量に収集されたデータバンクが増えてきたので、グランドセオリーへの希望がかすんできたときには、この専門分野がもっと実験的なアプローチをするのが容易になり、またそれが正当化されるようになった。

いまやトップ・ジャーナルに掲載される論文では、純粋理論を代表するものは――細目分野のいかんに関係なく――大いに少なくなっており、公的に利用可能なデータセットに基づく実証的研究はいくぶん少なくなっており、論者が研究のために集めたデータに基づいたり実験室や野外実験に基づいたりした実証研究が大いに増えている。（Hamermesh 2012: 2）

加えて人工知能は、専門的な目的をもって行われる応用経済学の研究に対して、新しい地平を開いているように思われる。

・最後に、金融仲介の経済学者によって、また流動性預金の中長期的債権への転換にかかわる問題によって、伝統的分析との決別は完了した。これを放棄したことによって、市場金融が優勢となり、これは情報の効率性と偶然への反応を保証するので、すぐれたものだとされた（Black et

Scholes 1973)。金融数学と新しい古典派マクロ経済学との分離は完成した。何度も強調してきたように（第4章参照）、この両学派のどちらも二〇〇八年の大危機を理解できないでいる原因は、大きくいって、両者が互いに対して無知だという点にある。だがまた、両者が金融市場の社会学といったような、他の小分野から離れてしまった点にもある（Godechot 2013）。

その昔、経済学者の主題は、観察者からもアクターからも独立したものとしての「経済の諸法則」を発見することにあった。それと手を切ったのが金融数学である。金融数学は自ら分析する分野の変容に参加するからである。実際、過去の各種系列の観察を元にして統計家はリスクを評価し、そのうえでリスクをカバーする価格を計算する。こうして統計家は、アドホックな各種金融手段、先物オプション、他のデリバティブ商品を提案する。金融機関がそれらを採用し、こうして一九九〇年代以降、格別に高い報酬をもたらす市場が創設され、次いで繁栄した。クウォント、つまり金融に転向した数学者ないし物理学者は、もはやたんなる観察者ではなく、金融システムのキー・アクターとなった。その科学は経済世界を変容させる（MacKenzie 2006）。市場はもはや、実務的な仲介者によって経験に即して創られるのでなく、根拠があろうとなかろうと、理論的進歩をベースにした科学者によって創られることになった。

とはいっても、過去の一連の出来事が期待形成に必要な全情報を含んでいると考えるのは、危険なことであった。それは、非定常的世界に支配的な不確実性がもつ含蓄を忘れてしまうことだからである。事実、数学の便宜上という理由で、選ばれた分布の法則〔正規分布が選ばれた〕には、金融危機に典型的な分厚いテールが含まれていない。当然の結果として、金融数学の第一人者のひとりによって設立されたヘッジファンド〔LTCM社〕が倒産した。金融自由化が――公権力でなく金融業者によって――価格システムの攪乱を招き、経済的設計主義を非難したフォン・ハイエクの権威を高めるまでになってしまうとは、皮肉なことではないか（Boyer 2011）。金融数学の知的挫折は新しい古典派マクロ経済学の挫折と対をなしており、その挫折の大きさを過小評価することはできなかろう。この二重の危機は、経済および金融の研究教育組織のあり方に疑問を投げかけている。

## 3　経済学の行きすぎた専門職業化――ヒエラルキーと競争

以上に述べてきた諸特徴の多くをつなげてみると、経済学に近い二つの学問分野を含む他の社会諸科学とくらべた場合、経済学という学問分野がかなり非典型的なものであることが見えてくる（表6―1）。

・この二〇年来、経済学者は自らの活動について狭隘な考え方を守ってきた。自分たちは効率性の分析家だ、自分たちは所得分配には関心がない、自分たちは――経済学の標準に従って構想された――モデルによって自らの議論を定式化できない研究者をこの職業から排除する、といった次

**表 6–1　三つの学問分野の比較**

| | 経済学 | 経済社会学 | 経済史 |
|---|---|---|---|
| **以下への依存** | | | |
| 国家 | 政治経済学の生誕期には強かった | 間接的 | 度重なる「方法論的ナショナリズム」ゆえに存在 |
| 経済的利害 | 規制緩和後に増大 | 弱い | 限定的(企業史は例外) |
| 市民 | 市民の経済的理性の防衛 | 経済の社会への埋め戻し | 広範な公衆に向けての普及の重要性 |
| **認識論／方法論** | | | |
| 公理化への努力 | 中心的問題だがやがて衰退 | 理解の努力 | ほぼ不在 |
| 普遍主義への意欲 | 「法則」の探求ないし統計的規則性 | いくつかの理論化が恒常的に共存 | 存在するが限定的 |
| 数学化 | 経済学集団に帰属するための判定基準 | 特殊なツール（ネットワーク分析……）に限られる | 数量経済史は特殊ケースでしかない |
| **分析のレベル** | | | |
| 地方 | 稀 | 適切な分析レベルであることが多い | 関連する資料の入手を通して三つのレベルを扱う傾向 |
| 国民 | 元は君主への助言者 | 方法論的に困難が増す | |
| 超国籍 | グローバリゼーションとともに職業集団は世界化 | 国際的な学会 | |
| **職業集団の組織化の程度** | | | |
| 教育 | 標準化への傾向 | 大いなる多様性 | 依然として特異的 |
| 就職 | 大いに共通化された判定基準 | 判定基準の多様性 | 仕事が読まれて認知される |
| 昇進 | 論文発表への超強力な圧力 | 中程度の圧力 | 論文よりも著作が重要 |
| 階層的序列 | インセンティブ・ネットワークを通して強力 | 研究プログラムの相違に応じて多中心主義 | 個人的評判を通して多分に暗黙的 |
| **裁定** | | | |
| 協力／競争 | 競争の支配 | ある種の均衡 | 大きな集団的調査の存在 |
| 順応／独創 | 順応への圧力 | 新しいことの価値 | 独創性の優位 |

第である。

・経済学者は経済政策の解明と実施にかんして、ほとんど排他的な権利を要求している。実際、技術的な難問それ自体はたいてい、経済諸主体の非合理性、仲介団体の保守主義、さらには政策立案者のイデオロギーの結果、効率性原理が侵害されることから生ずるのだとされたうえで、経済政策はそういった難問への最適解として構想されている。

・経済についても金融についても、数学的技術の高度化は自らの科学性を保証するものだとして提示される。数学的技術は超国籍的となった経済学者コミュニティの合意事項をなすだけに、なおいっそうその傾向は強くなる。各国別特殊性を考慮すると普遍的であるべき理論研究から遠ざかってしまうが、国際的コミュニティはそういった特殊性を乗り越えているのだという。このことが有効な参入障壁となって、社会科学としての経済学を概念的に再構成するのを阻止するという役割を果たしている。

・論文が掲載されるジャーナルの権威を拠りどころとした評価基準は、どの経済学部にも共通しており、二流視されている他の各種機関もそれに同調するようになっている。こうした評価基準はひるがえって、きわめて同質的なカリキュラムを形成することになり、経済学者の国際移動が顕著なものとなる。こうして、一連の規範やインセンティブが新入学生からノーベル経済学賞受賞者にまで広がり、これに立脚したヒエラルキーが成立する。

・経済の実務家は経済学者の分析的技術的能力の助けを大いに求めているが、この事実によって拡大する新卒市場の存在が正当化される。このことは経済学――とりわけ数量的手法の習熟――の力を再認識させる証となっているが、社会諸科学の他の分野では数量的習熟はあまり重きをなしていない。経済学者はしばしばコンサルタントになる（Hamermesh 2012）。このことはある意味で専門分野としての重圧を軽くするのだが、同時に経済学のダイナミズムや学的一貫性を弱めることになる。学術的研究、コンサルタント業務、政府顧問職の間の境界にはこのように多くの風穴が開いているわけだが、そのことは必ずや利益相反の可能性を生みだす。この点は社会学者や歴史学者にあってはめったにないが、自然諸科学にあっては同じようによくあることである。例えばフランスでは、専門家集団のイメージは悪くなっている（Mauduit 2012）。

結局、これら諸特徴はすべて、明らかに専門家集団が自己閉鎖的であり、自分の専門以外とのコラボレーションの意欲がないことを示している。さまざまな社会諸科学のなかで、経済学者が他の専門分野から引用することは最も少なく、逆に経済学者が他から引用されることもいちばん少ない（Van Orden 2015）。他の分野の同僚たちが経済学者なら答えうるような問題に突き当たっている、――こう経済学者が言うのを聞くことはめったにない。今日、自らの学問なら説明できると思われている重大な諸現象にかんして、経済学者は集団として、なぜそれを分析できないのか、ましてや予測できないのかについて、彼らは自問してよかろう。

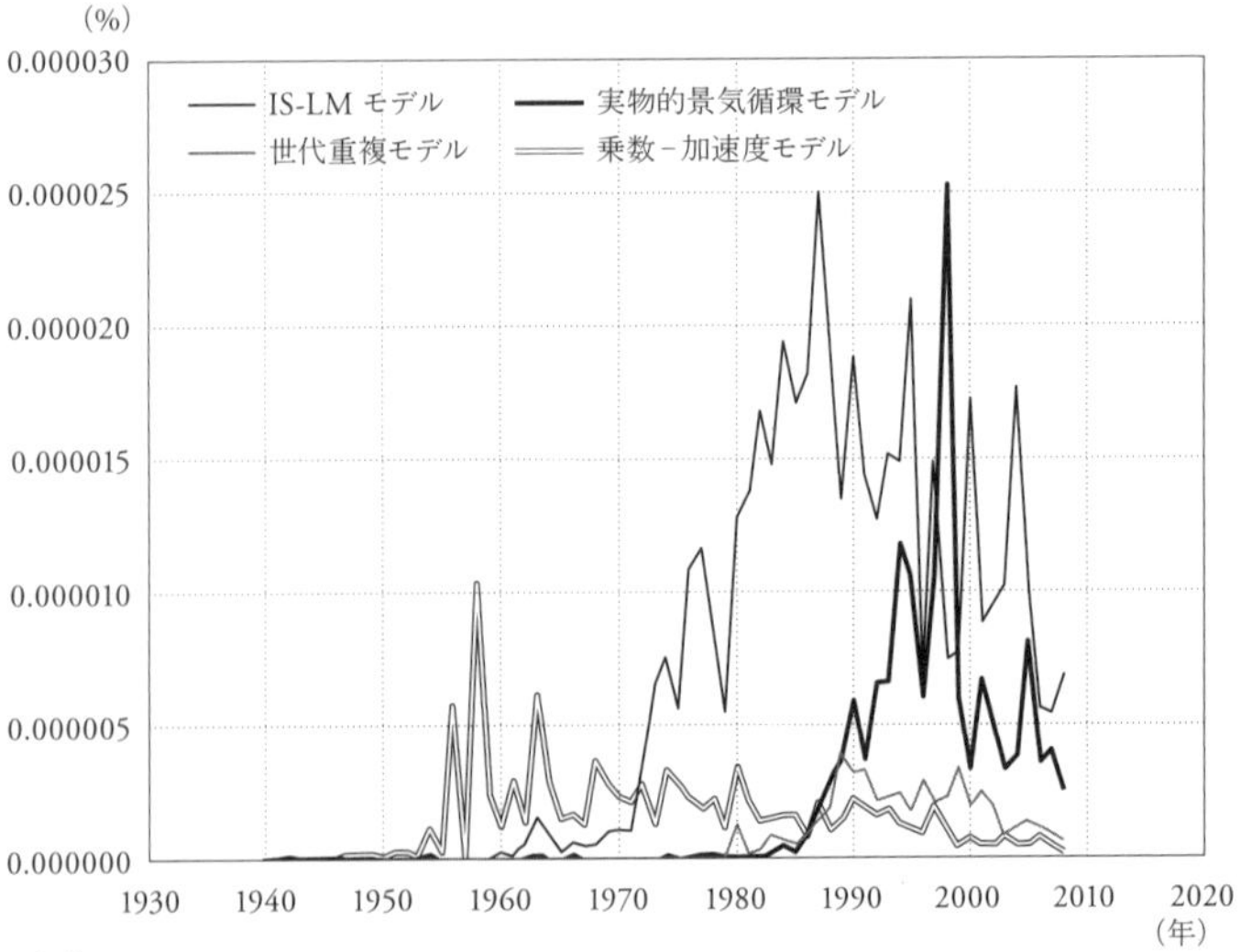


出典：Shiller (2017: 983)

**図 6–1　相継ぐ各種の理論化**

## 4　中核パラダイムへの統合化なき創造性と順応性の交替

経済学の専門職業化とりわけヒエラルキー的編成と、強力なインセンティブ・規範システムとの相互作用は、特定の型の知的ダイナミクスを意味する。この知的ダイナミクスの特徴は以下に見る三系列の交替であり、つまりは経済分析が始まって以来繰り返されてきた交替である。

第一に、ある研究者が新しいビジョンを発案し、多くの文脈で見出しうるようなメカニズムを検出し、あるいは独自な調査技術を開発する。多くの場合こうした革新は、質の高い研究者を擁する有名大学から出てくる。第二に、この革新が人目を引くようになると、他の経済学者たちの関心を誘うことになるが、彼らはこのブレークスルーを、すでに広範に開拓され尽くした領域における研究の収穫逓減を止める好機として受けとめる。追随者が次々とこのイノベーションに賛同するにつれて、こうした戦略の学的収穫は減少し、そしてこの第三局面は、研究のダイナミクスを再度起こしうるような別の「発見」の探求へと通じていく。このようなパターンは、ヨーゼフ・シュンペーターによる経済ダイナミクスの分析を想起させずにはおかない。つまり、初めにある企業家《アントルプルヌール》が革新を起こし、次いで彼が蓄積した利潤に魅せられて模倣が始まり、最終的にはイノベーションのレントが底を尽き、そこから革新的アプローチへの関心が再度生まれる、と。

言ってみれば、少数の創造的な仕事によって、門下生／追随者がその学問の標準的規範を充足させ、自分たちが科学的プログラムに従っているのだと証明する機会が与えられる。例えば、マクロ経済学の理論モデルが次々と登場することを扱った研究が示唆するところによれば（Shiller 2017）、ある種の模倣主義によってモデルが普及し、次いで影響力の喪失が生ずるのだという（**図6―1**）。

最初に乗数－加速度モデル[3]が専門家集団によって注目されたが、やがてその影響力は低下する一方であった。その次にIS－LMモデルの出番となり、これはずっと長期間にわたって支配的であったが、しかし実物的景気循環アプローチへの参照が爆発的に増えて、下火となった。二〇〇〇年代には実物的循環モデルも衰退し、大部分の専門家が乗り越えられたと考えていたにもかかわらず、IS－LM

---

（3）**乗数－加速度モデル**　乗数原理（投資増加が例えば国民所得増加に及ぼす効果）と加速度原理（所得増加が投資に及ぼす効果）を組み合わせて景気循環を説明するという、サミュエルソンらのモデル。

モデルが驚くべき復活をとげた。最後に、世代重複を定式化した別のアプローチは、その考案者には将来性があると思われていたのだが、十分な数の研究者の関心を集めることなく終わった。

こういったパターンが繰り返されている。だからといって、この上なく頑健な各種メカニズムを内に含み、実証研究によって無効だとされたものを却下するような、そのような理論化に向かって収斂していくわけではないのである。このことは、経済諸過程——これは本質的に歴史的なものだ——についての経済学者の知を統合化するような、そのような理論をつくりあげるための一個の戦略でもありえよう。こうした弱点を克服するには二つのやり方がある。すなわち、経済構造の変化によって理論や定式化は調節されていくのだということを認識するか、あるいは、経済効率の原理は性質上「よい」ことだと言うために、「望ましい」構図の代表として理論を利用するか、である。

## 5　経済学者の規範的転回——経済を自分たちの理論に合わせること

アカデミズムの世界が長期的に変容した結果、経済理論は大きく変容した。というのも、経済分析の三つの戦略はある独自な構図に至りついたからである（図6—2）。

・見えざる手という弁明は、もはや科学的な結論ではなく、市場は経済的調整諸形態のなかでいちばん欠点の少ないものだという世界観の表現となった。まさにこういった信念を基礎として、多

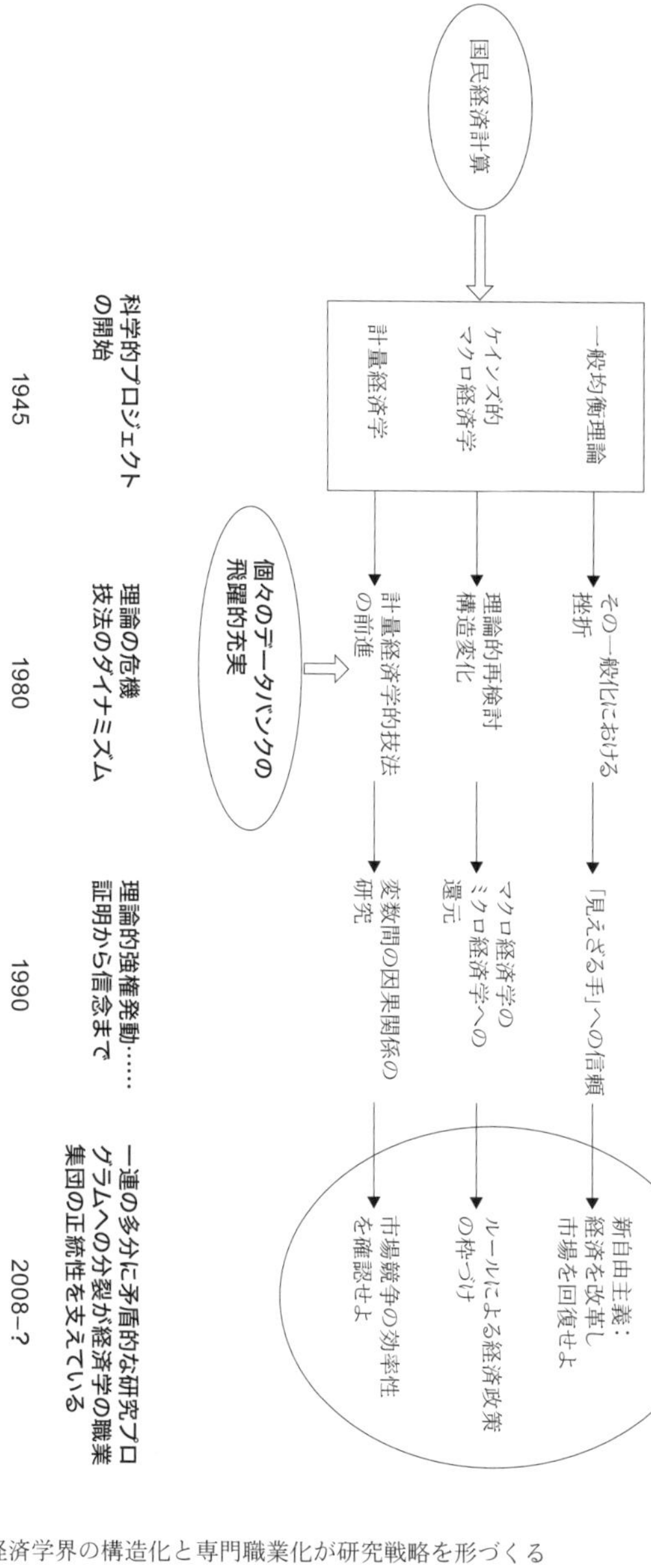


図 6–2　経済学の変容についての概観——1945-2020 年

くの経済学者たちが、きわめて不完全な現代経済を市場のロジックによって全面的に支配された理想的モデルに近づけるべく改革案を出している。経済理論は実証的なものから規範的なものになったのである（Blinder 2000）。こうして政策立案者たちは、この上なく複雑になり自分たちでは理解できないような世界に対応するなかで、簡潔な提案を探し求めているわけだが、経済理論はそうした立案者たちの困惑に対して答えを提供する。科学的結論として示されるものは、そのほとんどが経済学者や政治家が共有する信念なのである（Lebaron 2000）。

・若干の「市場原理主義者」が言うには（Stiglitz 2003）、マクロ経済学は個人的諸行動の異質性というロジックを考慮できていないのだから、それは存在しえない。というわけで、フリードリッヒ・フォン・ハイエクにおなじみのカタラクシーの概念――市場を通した相互作用によって生まれる自生的秩序――に頼らざるをえなくなる。その結果、経済政策の裁量度は、通貨、課税、公共支出を司るゲームのルールによって厳しく低下するはずである。これは、一九七〇年代にあってはミルトン・フリードマンの提案であり、今日では、オルド自由主義(4)――それはドイツ当局が擁護する考え方として依然として健在である――の影響下にある欧州連合のやり方である。こうした考え方とともに、マクロ経済学は政治の問題でなく、技術の問題となってしまった。このことは、マクロ経済学の進化がどれほど科学的関心と政治的要請の交差点に立つものであるかを否定してしまう。それはまた、経済学研究、公共行政、政治的世界の交点にいたエドモン・マランヴォーが、最終的に認識せざるをえなかったことでもある（Renault 2016）。というわけで、経済思想史を経済的領域と政治的論理の緊張関係の結果として読みなおすことができる（Mistral 2019）。二〇二〇年代初頭の今日、こうした緊張は最高潮に達したようにみえる。

・計量経済学の手法は高度化し（Hendry et Doornik 1999）、個人や企業についてのデータの爆発的増大と相乗関係をもつようになった。例えば、パネルデータ分析[5]は国民経済計算による集計値の利用に取って替わりつつあり、後者は公共政策の方向づけにかんしてその影響力を失いつつある。このパネルデータ分析がやっていることは、多くの場合、市場メカニズムを強化すると経済効率が高まるということを示す点にある。理論の技術へのこうした逆転は、事実上、新自由主義的世界観にとってのもう一つの援軍となっているのだが、それはまた他方で、経済学を観察と反証に基づく科学にすることを要請してもいる。そうでなくデータだけを強調すると、概念分析や理論研究の重要性を過小評価することになってしまいかねない（Anderson 2008）。

換言すれば、経済学者の分野やツールが多様化することによって、理論の中核をなす知的失敗が覆

---

（4）**オルド自由主義**　戦後西ドイツの経済復興（社会的市場経済）を支えたある種の新自由主義で、自由競争秩序の人為的形成の必要性を強調する。

（5）**パネルデータ分析**　パネルデータとは時系列データとクロスセクション・データを総合したものであり、ある観察対象（例えば家計や企業）については時間的経過による変化を、また同一時点（例えば年）では家計・企業・地域などの諸セクションをも観測しうる統計分析法。

い隠されてしまい、公的意思決定にとって有用な広範囲にわたる技術を利用することは結構な実用主義だという印象を与えることになってしまうのである。けれども経済学の原罪は依然として消えはしない。よい社会とはどうあるべきかについての規範的見方という原罪、つまり、経済を政治的なものや市民的要求から切り離してしまう見方という原罪が。

## 6 専門家集団の組織化——制度上は成功したが科学的地位は問題含み

現代の特徴は、多数のジャーナルが爆発的にあふれ、それらがますます専門化し、その各々がたいていは経済学の特定のアプローチを反映していることである。国内外の多くの学会は経済学者を結集させようとしているが、その年次大会では、問題を鋭く解明した著名人によるいくつかの基調講演を別にすれば、専門家の数ほどたくさんあるセッションが同時並行的に開かれているだけである。皮肉なことに、新卒者と経済学部の間の就職市場は多くの場合、アイデアの市場よりも活発で組織的である。

ここで考えてみるべきは、職業集団の社会学（Friedson 1986）がもつ利点であり、またその科学コミュニティへの応用（Whitley 1984）——とりわけ経済学という専門分野への応用（Fourcade 2006, 2010）——がもつ利点である。例えば自らの内で極端な分業が進むと、自らの存在理由であったはずの認識論的および／あるいは方法論的な再帰的反省が次第に浸食されてゆく。学問分野を専門職の空間として分析することの利点はそういったところにある（Abbott 2002, 2014）。

実際、同じ問題に対して異なるインプリケーションをもつ各種研究戦略を互いに突き合わせてみる機会など、めったにない。事後的にではあれ、二〇〇八年危機によって、相異なる一六通りの解釈の間で架空のトーナメントが組織されることになった（Sanderson 2009）。各種解釈が次々と落伍していった結果、モラルハザードによる解釈が優勢となった。つまり、住宅ローンの保証とデリバティブ商品の激増によって過大な不良債権が生まれ、この不良債権が――ただでさえこれ以上もちこたえられなくなっていた道にそって――有毒商品の金融システムにあふれかえったのである。疑いもなく、架空のトーナメントを持ちだすのは不完全であり方法論的に問題である。しかしながらそれは、本書の核心問題を提起するという利点がある。つまり、専門家同士のフォーラム、経済学者同士のアゴラ、市民社会、そして政治指導者をいかに組織するかという問題であり、しかも、そこで個人や集団の行動にとって指針あるいは／および基礎として役立ちうる科学的進歩が議論されるような、そのような場としていかに組織するかという問題である（第7章参照）。

## 7　経済学に求められる多様な要請

他の専門分野とくらべて独自な知的道程としては、経済学の研究者はきびしい要求に向き合わねばならないということがある（図6―3）。

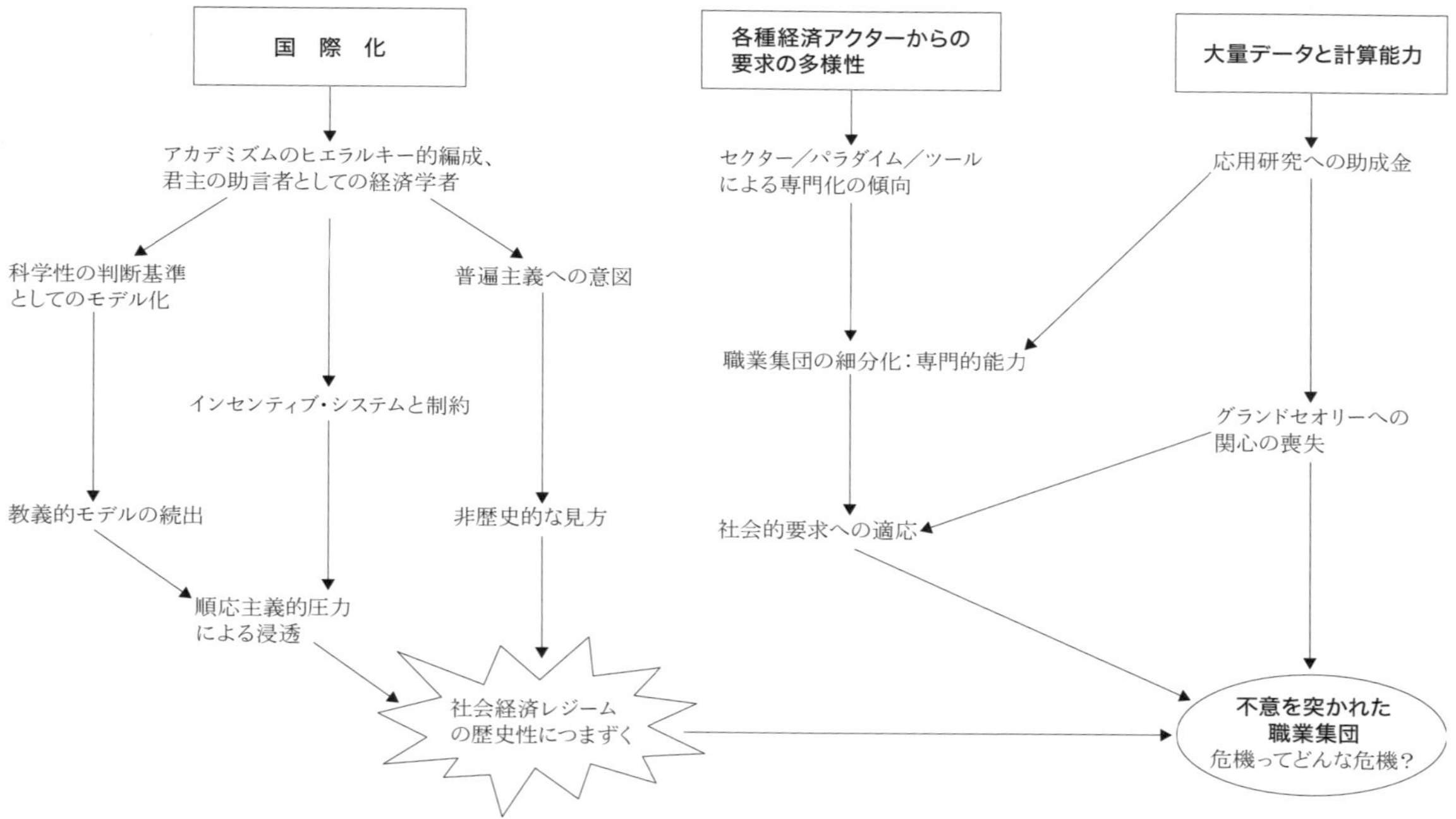


図 6–3　経済学者の社会的政治的取込みはいかにしてその実践・成功・失敗を生み出すか

・経済学という職業集団には国境を越えた性格があるので、そこから、いくつかの本質的メカニズムの普遍性や時間的不変性について経済学者がもつ自信のほどが説明できる。こうしたパラダイムへの異論は、各国別構図はそれぞれの地域に独自な性格をもつと指摘する経済学者から出されているのだが、この事実は、この専門職に携わる大多数が以下のように考えるのを助長してしまう。つまり、一方には科学と理論があり、他方には分析的効力のない単なる描写がある、と。

・経済的専門知識への要請が増加し多様化したことによって、二重の影響が出てきた。一方でこれは、アクターたちが自身では得られない結論を提供する経済学者のノウハウや能力を証明するものとなった。彼らが間違っていたということが危機によって最終的に示されないかぎり、経済学者の権威は高まる。他方で、この専門職業をリードしているのは、経済学者のテクニック――アドホックなモデル化、計量経済学、データ処理――であって、理論の概念的進歩ではないのである。ＩＢＭに勤務するあるエンジニアが物理学にとって重要な貢献をなす超伝導を発見したことはありえたが、戦争の合理的遂行に触発されて線型計画法《リニア・プログラミング》(6)の研究が始まって以降、経済理論が前進しうるような応用研究の例はほとんどない。大多数の経済学専門家はグランドセオリーから遠

---

（6）**線型計画法（リニア・プログラミング）**　いくつかの制約条件のなかでどの方法が利潤極大などの目的を達成するのに最適かを決める数学的技法。

ざかったが、これは必ずやこの学問の将来を危ういものにする。

・大量データやデータ処理技術が隆盛を迎えたが、その効果は矛盾したものだ。一方では、重要な点だが、経済学は再び観察に基づく学問になったのであり（Duflo et Banerjee 2017）、理論家が求める要件を満たさない歪んだ経済に対して規範モデルを押しつける学ではもはやなくなった。けれども、これらの応用研究は多くの場合、経済学のハードコアとはもはや関係ないもの、あるいはほとんど関係ないものとなった。因果関係がひょっとして明らかにされたとしても、それは時間的空間的に局所的なものだとされたからである。その結果、その成果はめったに一般性——これはどれも地理的歴史的に位置づけられた文脈でこれを発見した人びとによってなされるべきことなのだが——を付与されることがない（Godechot 2016）。例えば、応用研究は、たとえそれが分析対象たる社会についての知識を拡張したとしても、新しい発展の理論を創設するとは思えない。

ここに経済理論家の資質が枯渇している第二の要因がある（Labrousse 2010）。

こういうわけで、二〇〇〇年代半ば、マクロ経済学は動学的確率的一般均衡理論を軸に新しい古典派とニューケインジアンを和解させ、金融数学ははるかに効率的なリターン／リスクの裁定を可能にし、データ処理技術は——数学や数学由来のテクニックを中心とした同一の課程を奉ずる大学で教育を受けた——経済学者に多くの就職口を提供した。これで歴史は終わったのか。事実はといえば、二〇〇八年危機はこうした幻想を吹き飛ばしてしまった。この危機は大部分の経済専門家にとってはまったく意想外のことであったが、自分を理解してもらえなかった少数の異端派にとっては、必ずしもそうでない。なぜなら、後者は構造的に安定した市場経済という仮定に異論を唱えていたからである（Rajan 2011）。事実、タルペーイアの岩はカピトリウムの近くにあったのである。(7)

## 8　経済学者の選抜と教化——誤謬に固執する要因

基礎においてこれほど疑わしいというのに、その基礎はいかにして、かくも多数の経済学者によってかくも長く受容されえたのか。これを説明するのは、経済学のコミュニティに属する何人かの研究者が個人的にではあるが公然と口にすることなく懐きかねない疑問とは別に、ある一連の要因の存在である（図6—4）。

・経済学は何よりも、ホモ・エコノミクスという理論的人物像に自己を重ね合わせるパーソナリティの人間を惹きつけるのかもしれない。実験経済学が確認するところによれば、学生のなかで、経済学の初心者は、経済学の学習以前においてさえ、囚人のジレンマゲーム(8)での脱落がいちばん多

---

（7）**タルペーイアの岩**　ジュピターの神殿があった古代ローマのカピトリウムの丘には、その南端にタルペーイアの崖があり、そこから突き落とされて処刑されることは極めて不名誉なこととされた。

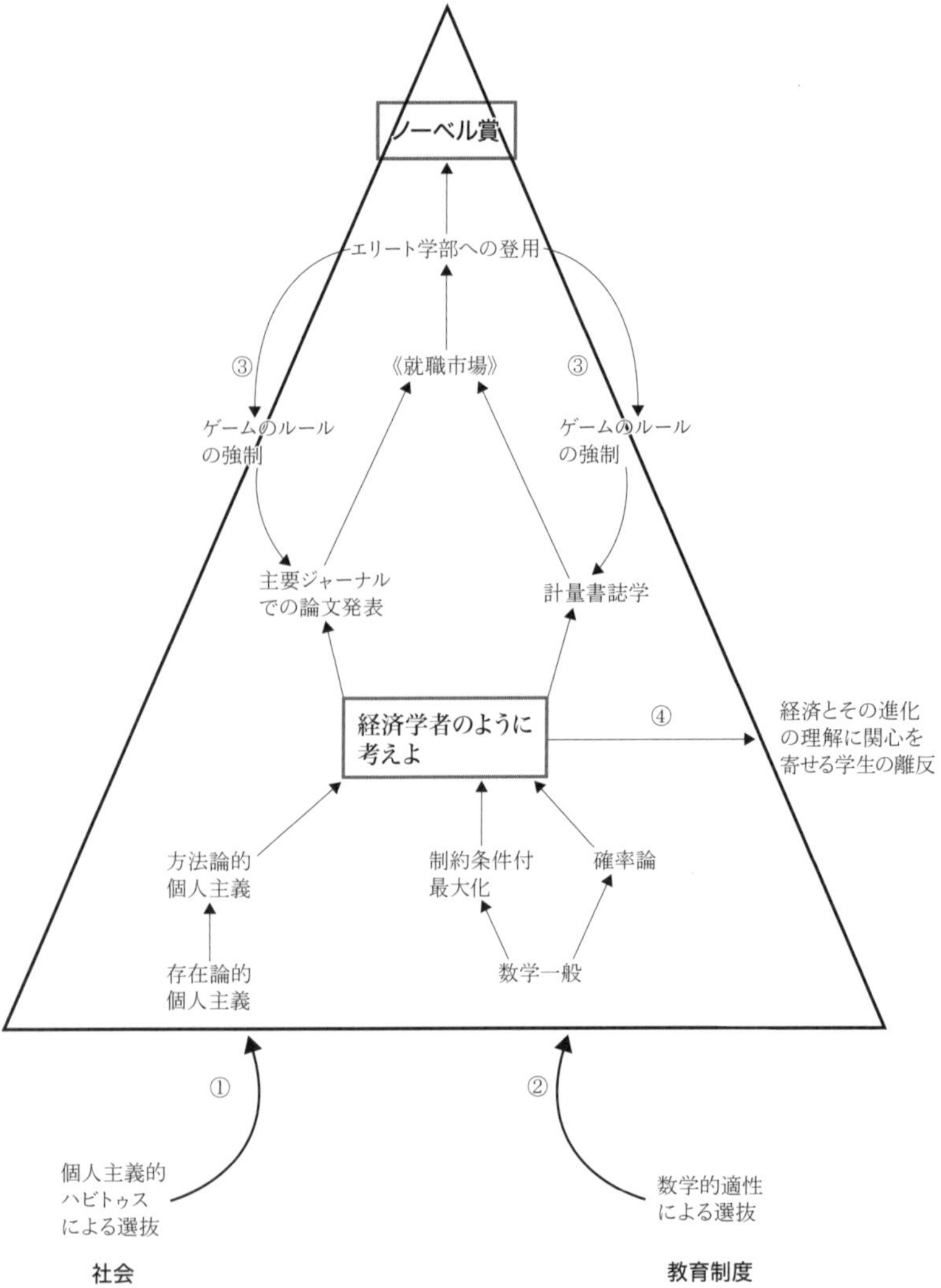


図 6–4　職業的規範はいかにして経済学者の選抜と学習を組織するか

い。これとちがって数学専攻の学生は、このゲームを支配する戦略つまり脱落を察知することができる。他とくらべて経済学徒は利他主義的でなく、めったに協力しあうことなく、公共財に資金を提供しようとしない。

だから、パーソナリティの分布と経済学コースの選択の間には、ある照応関係が見られるのかもしれない。これに続いて、経済学の勉強を通して、個人的利益の追求がどれほど協力を困難なものにするかを教えられるので、その傾向はますます助長される（Frank, Gilovich et Regan 1993）。

・選抜におけるもう一つの偏向は、ほとんどの経済学部が数学的習熟度——それが専門的経済学者の自慢の種なのだが——による学生選抜を採用している点に由来している（Mankiw 2020）。だが、これとはまったく別の判定基準を想起することができよう。つまり、経済およびその社会的影響の理解に対するセンスという基準である。よくできた経済学者なら学生に、科学的要請がもっと少ない社会経済学に進むよう助言するであろう。そこでは定式化は決定的な判定基準でなく、そ

---

（8）**囚人のジレンマゲーム**　ゲーム理論上の一例。共犯容疑で逮捕された二人の囚人が隔離された状態で取り調べを受ける。共に自白すれば共に五年の懲役刑、共に黙秘すれば共に三年の刑となるが、一方が自白し他方が黙秘すれば、自白者は一年、黙秘者は一〇年の刑となる。このとき、各囚人はいちばん軽い刑（一年）を狙って自白戦略をとるが、双方による（自白、自白）は両者五年というナッシュ均衡に落ちつく。しかしこれは（黙秘、黙秘）戦略（共に三年の刑）にくらべて、利得上劣位の状況（量刑軽減の余地がある状況）となってしまう。結果的に囚人は自白か黙秘かのジレンマに陥る。

れよりも観察の質、仮説の妥当性や独自性が重きをなすからである。これと反対に経済学徒は、コースが進むにつれて、自ら役立てるべく学んだ数学のツールで扱いうるような問題を探すようになる。こうしてマクロ経済的次元で見られる諸現象との関係は、せいぜい逸話的なものとなり、つまるところ二次的なものとなる。経済学は一個の思考実験となり、問題を解くためにつくられたモデルの論理的整合性を保証するものとなる。おまけに才能ある数学者は吝嗇を目指す。つまり多数の現象を少数の仮説で説明しようとする。観察よりも美しい証明の方が大事だというわけである（Krugman 2009, 2011）。

・こうして経済学教育の目的は経済学者のハビトゥスをたたきこむことになる。その際、同じ対象を研究している他の専門分野を見向きもしない。例えば労働経済学者は、個人的利益の擁護からかけ離れる行動はいっさい取り上げない。これは同僚の社会学者の教えを無視することであって、社会学者にとっては、労働紛争、権利の向上、さらには労働組合の結成を説明するためには、正義や連帯の感情は決定的に重要なのである。というわけで、標準的経済学を定義するものは対象と方法の結合なのであり、その結果は専門分野間の協働を初めから拒否することになる。というのも、経済学者のツール以外のツールは問題にならないからである。こうして、初心の研究者には次のような警告が発せられる。いわく、利用可能な概念やツールの総体を動員して一般性そのものにおいて考えるのでなく、「経済学者のように考えることを教えてあげよう」ということを真剣に受けとめなさい、それがあなたの未来を決めるから、と。

・こうしたプロジェクトに加わろうとは思わない人びとの声は適切でないと拒否されるので、彼らが離脱すると皮肉にも、この学問分野の堅固な核の安定と成功が保たれる。第一に、この学問分野は自らの基礎にかんする議論や討論の要請から解放される。というのも反対派は、同じ対象を分析するのに初めから複数のアプローチに開かれているような、そのような他の学術分野（農学、都市論、社会学、政治学、歴史学、政治哲学）へと分散せざるをえなくなるからである。第二に、経済学者という職業を選んだ研究者はすぐれてテクニック――およびそのテクニックが暗黙のうちにもたらす世界観――にはまり込んでいるので、自らが帰属する経済学者のコミュニティに全面的に依存することになる。なかにはこの依存を徹底的に押し進めて、理論の教えるとおりに日常生活で行動する時もあり、こうして専門家としての世界観と個人としての世界観を和解させようとする者もいる。

そこには現代における多くの理論家がもつ規範的性格が見られるが、これは科学的精神の反対物をなす。例えば、過剰な方法論的個人主義――これは最低限の集団的行動をも問題視する――の肩をもって協力ゲーム理論が放棄される一方、慣習的行動や制度の分析に際しては、相変わらず非協力ゲームの理論（Nash 1951）が特権化される。同じく、公正や社会的正義の問題を他の学問分野に任せ、経済政策の唯一正当な目的は効率の達成にあり、しかもそれは市場的配分の最適性が保証された後でしか達成されない、などというのは理にかなったことなのか。

それゆえ、経済学者のなかには、理解不能な経済の組織を変えて、最終的に経済が自分たちの好むモデルという理想に近づくようにしようと提案する者もいる。経済学者は科学者から市場の説教者に転ずるわけだが（Marglin 2014）、彼らの強い確信は――しばしば矛盾した過程が錯綜するがゆえに――むずかしい舵取りに陥った政策立案者の同意を勝ちとることができる。しかしながら、職業集団がこのように組織されると、二つの難点が生じてくる。一つは、計量書誌学《ビブリオメトリクス》(9)を信頼すると、論文の質は、それが掲載されたジャーナルのランキングによって分類されてしまうという点である。それが行きつくと、この職業集団の方向性は、ひと握りの「ビッグ・ジャーナル」読者によって、次いでコンピューターがはじき出す定型的情報によって決められてしまう。マクロ経済学の前進を真剣に論じようとするならば（Chatelain et Ralfz 2018）、これは十分に理にかなったことだろうか（Reinhard 2015）。もう一つは、およそ科学者なら誰もが共有しているはずの知的貢献という内在的動機よりも、金銭的インセンティブが優勢になってしまうリスクがあるという点である。

> もしわれわれが、そのような外在的動機だけで動くような科学者を育てているのであれば、彼らは当然ながら自然な結論〔知的貢献〕というロジックに従わず、代わりに高給取りの銀行家に逃げ込むはずであろう。
>
> （Reinhard 2015: 245）

というわけで、金融投機の熱狂期、数量データ処理を専門とする卒業生がクウォント〔金融商品の数理分析専門家〕の職に進み、行政の統計家の仕事を見限ったことがわかる。こうした特徴によって、アカデミズムの経済学者の所得水準が情報科学者のそれに近く、他の社会諸科学の研究者のそれよりもはるかに高いということもまた説明できる（Fourcade, Ollion et Algan 2015）。経済学者はしばしば賢明なるホモ・エコノミクスであり、たとえそういった姿は自らの理論化の核心から消え去りつつあるとしても、そうなのである（Tirole 2016, 2018）。

とりわけ金融危機、経済危機、健康危機が相継ぎ、それによって経済学者の知的欠落が明らかになったとしても、このようなあり方はひっくり返しえないのであろうか、それとも異議申し立てをすることができるのだろうか。

---

（9）**計量書誌学（ビブリオメトリクス）**　書籍・学術誌・論文などの水準の計量的分析のことで、ある研究者について、その査読論文数・被引用数・発表誌のレベルなどによって業績を評価するのもその一例。

# 第7章

# 再帰的反省への現代的転換は経済学という学問を救いうるか

表題のごときは、経済学の認識論が探求すべき問いの一つである。しかしこれまで、例えば、物理学モデルとりわけ力学的モデルを参照することがいかに間違いの元になるかという点を強調する認識論学者の仕事について、たいていの経済学者はこれをほとんど考慮してこなかった。他分野の仕事を無視するというのはある学問分野の専門家によく見られる批判意識であって、彼らは外部のアナリストの正統性を認めない。というのも外部のアナリストは、たとえ基礎を習得していたとしても、自分たちの領域での最先端の知見をマスターしていないと見ているからである。経済学者は一見反駁できないような議論を持ち込む。科学性は、研究者による議論と反論の交換を経た末の合意によるものであり、こうして至りついた合意によって知識の公正さが保証されているのだ、と。

## 1　著名な経済学者が発言し現代的研究の欠陥を指摘する

二〇〇八年に始まった経済危機は知らない間に心中にしみこんできており、それゆえ知的状況は変化のただなかにある。若い経済学者は学術のゲームのルールに取り込まれているが、年配の経済学者は、とりわけマクロ経済理論における後退と見えるものを視界に収めることができる。年配の経済学者は、ノーベル賞を受賞することによって認知度がきわめて高くなるだけに、そのぶん彼らの発言には耳が傾けられる。受賞者各人は前章で展開した議論のあれこれに焦点を合わせているので、受賞者リストを見るのは興味深いことだ。

およそ制度的な枠組みとは無縁に展開された自己調整的市場の理論が行きつくのは、市場原理主義という信念であり、これは経済発展にとって破壊的な帰結をもたらすことが判明した（Stiglitz 2003）。自らの形式的モデルに魅了されて（Caballero 2010）、マクロ経済学者たちは、金融危機が国際的規模で不断に繰り返されてきたというのに、それを予測しえないでいた（Krugman 2009）。反対に、マクロ経済学者が無視してきたモデルや理論が、危機の原因を理解しその反復を避けようとする者の関心を引くようになった（Bernanke 2010）。参考にすべきモデルが次々と出てくるのを理解するためには、認識論から借用したモデルを介在させる必要がある（Shiller 2017）。この点、自分たちの簡素なモデルに魅力的な内容を与えるため、経済学者間でなされる議論がもつ役割を過小評価すべきでない（McCloskey 1990）。金融市場についても同じことが言える。つまり、合理的計算が通じない根本的不確実性を前にして、アクターたちは単純な――時に単純にすぎさえする――表象を当てにするのであり、それが彼らの意思決定を導くのである（Beckert et Bronk 2018）。

ある特定の方法とテクニック――つまり条件付最大化と不動点定理――の適用として経済学を理解することが特権化されたので、研究者は、他のアプローチなら扱いうる広範囲にわたる諸問題を犠牲にして、経済諸現象のごく一部つまり定式化可能な諸現象しか扱いえなくなった（Akerlof 2018）。新しい古典派マクロ経済学は、想像上の外来的ショックという思いつきに没頭し、特定化という問題をみごとに無視し、厳密な分析的アプローチよりも議論の権威性を選び取った。科学における競争の行きつくところ、結局は学術的エリート内部での研究戦略の共謀と分極化に終わってしまうのかもしれない（Romer 2016）。

新しい点は、著名な経済学者がこうした偏向の理由を分析しはじめたことである。彼らが見るところ、この偏向の理由は経済学者の職業集団の組織自体のなかにある（Heckman et Moktan 2019）。これを解明しようとして彼らは統計的・計量経済学的分析のツールを動員し、科学的厳密性にとって有害な偏向を摘出した。世界的規模での競争を裁定するとみなされている指導的な五大ジャーナル（ビッグファイブ）が、ひと握りのエリート学部の研究を優先的に掲載しているというのは、明々白々なことでないか。それら諸論文のますます多くは共著論文であり、しかもますます多く年配者によるそれであるということを、どう説明するのか（Hamermesh 2012）。職業組織の反映でないとすれば、女性はなぜこんなにわずかしか登場しないのか（Blau 2006）。業績評価に際して計量書誌学の利用がますます進められたが、これによる採用や昇進は模倣主義を促進し（Reinhard 2015）、他の日陰の分野——それは知的には将来性があるにもかかわらず——を犠牲にして、若干の分野への研究者の殺到を促進することが明るみになった。最後に、全体としてみればこの職業の創造性はごく小さいのだが、それは、この職業が極端に体系化され、経済的理性によって支配された社会にみごとに組み入れられたことの、予期せざる結果でないのか。

注目すべきことに、この再帰的反省《レフレクシビテ》への取組みという有益な努力は、自らのキャリアの頂点に立ち、もはや職業的忠誠を誓う必要のない研究者たちから発信されている。そもそも彼らの発言は、学生の発言よりもよく聞き届けられる機会に恵まれている。学生たちは二〇〇〇年代以降、定式化に偏重し、思想史を忘れ、他のアプローチに開かれた論争をいやがる教育に対して反抗してきた（Autisme-économie 2000a et b）。議論すべき問題は、教育にかんしてだけでなく、もっと根本的に新しい知識の生産にかんして、この学問分野を組織改革する可能性という問題である。いわゆるノーベル経済学賞受賞者が提起した問題は、経済学者の教育機構にかかわっている。経済学者の向こうみずな助言は社会をひっくり返すこともあるからには、社会に対する経済学者の責任を再検討することを通して、さきの提案が実現されるべきであろう。例えば、累進課税の廃止や社会保障の合理化によって社会が両極化し不平等が拡大しているとき、純粋経済における自由貿易の最適性についての諸定理から導かれる予測と、国際的開放の（予見可能な）結果としての観測事実との間にある乖離について、思いを馳せてしかるべきであろう。

## 2　各種パラダイムを突き合わせ再帰的反省の要請を満たす場

研究者が想起すべきは、科学の基礎は疑いにあり、自らは経済世界を司るとされる鉄の法則の奉仕者ではないということである。経済学という学問には、その方法の堅固さや結果の普遍性を過大評価するという欠点がある。この学問の自称ミクロ経済学的基礎や合理的期待仮説に対しては、当初から、著名な経済学者たちによって（Hahn 1973; Solow 1986, 2008; Tobin 1980; Summers 1986, 1991）厳しい反論が提起されてきた。ところがこれは、時代遅れのパラダイムを擁護しているのだと解釈されてしまった。

こうしてこの学問は対抗しあう諸学派に分かれ、一方は勝利し、他方は衰微していった。理論がそうあるべき標準化という圧力のもと、ケインズの信奉者のなかには、いくつかの価格の硬直性という仮説――つまり『一般理論』の数ある貢献についての怪しげで還元論的な読み方――を媒介として、DSGE〔動学的確率的一般均衡〕モデルの中心的問題構成のうちへの再統合を受容する者もいた。

というわけで、経済学がほぼ三〇年来こと細かに模索してきた袋小路から抜け出すためには、学術のアゴラの形成が決定的に重要である。一つひとつの経済現象について、それを説明しうるあらゆるパラダイムが呼び集められ、その各々に対して各種パラダイム間で賛否両論の議論がなされ、代替的な各種仮説を識別する研究が開始されねばならない。これは、分析的アプローチの上に立った、活気あるコミュニティを形成しなおすための方法である。ごく若い研究者が、計算間違いをしたベテラン経済学者の誤りを正すことだってありうる。権威とか著名とかの原則は危険な毒物になりかねない。象徴的利益とか金銭的利益を追求することは、科学の分野で必要な真理という語を持ちださなくても、確固たる結論の探求を損なってしまう。研究者は多くの経済過程に典型的な不確実性に立ち向かう必要があり、模倣主義のうちに逃げ込んではならない。模倣主義は誤ったコンセンサスの原因となるのであり、それというのも、それは意見交換の結果でなく、「ただひとり正しいよりも皆で間違った方がましだ」という打算の結果だからである。これに対してはユーモリストならこう反駁するであろう。「間違っている者が多いからといって、彼らが正しいとは限らない」、と（Colucci 1995）。

経済学者は、自分たちが信じていた理論が破綻してしまうことも経験するが、そういった経験という証拠のもと、自分たちは間違っていたのでありおのれを有名にしていた理論を拒否すると告白するような、そんな経済学者はめったにいないというのは注目すべきことではなかろうか。今日、アーヴィング・フィッシャーはどこにいるのか。彼は、不況が累積的になりうることを認識せざるをえなくなり、市場経済の構造的安定性に立脚した自らの過去の貢献をもう一度見直した。こうして彼は、過剰債務の削減努力の結果として起こるデフレの連鎖について、示唆にとむ定式化を提起した（Fisher 1933）。

・LTCMファンド〔ロングターム・キャピタルマネジメント社〕のパートナーには、マイロン・ショールズとロバート・マートンという二名の一九九七年ノーベル賞受賞者がいる。ところで、自分たちのリスク評価モデルを適用したら極端なレバレッジ効果を生み出し、ファンドはほぼ破産状態となり、システミック危機の怖れから当局がこれを救済したとき〔一九九八年〕、はたして彼らは自分たちの間違いを認めたのか（Lowenstein 2000）。

・欧州中央銀行のマクロ経済学者たちは、自分たちのモデルがイデオロギー論争の終わりと多大な科学的進歩を表しているという主張を撤回したのだろうか（Smet et Wouters 2003, 2007）。

学問の刷新のためには、科学的アプローチからの乖離が小さくなるようなルールを制定しなければならないだろう。その科学的アプローチが意味するのは、権威者の議論を盾にしたり、経済学者という職業を得るために広く模倣的行動の助けを借りたりしているようでは、間違ったモデルは長きにわたって支配することはできないということである。これは反逆者となった何人かのノーベル賞受賞者が言っていることである。

> 中心的な権威に頼るのを拒んだ場合、研究分野のメンバーたちが自らの独立した努力を調整できるのは、ひとえに——公的に明らかな事実や論理の数多い独立した評価から生まれる大ざっぱなコンセンサスを通して——不完全ながらも確立した真理の追求に対してゆるぎないコミットメントを続けることによる。その評価は、もちろん自らの無謬性を主張するのではなく、明白に述べられた意見の違いを尊重し、自分自身の誤りを受け入れ、いかなる権威の要求をも好んで覆すような、そんな人びとによってなされるものである。
> (Romer 2016: 21)

こうした学問内的な要請に加えて、経済学者がコンサルタントやさらにはアクターになった時には、社会的責任という自覚がなければならない。

## 3　市民や政治的選択を補佐するつつましやかな学問

物理学は経済分析が始まった際の参照基準であったが、経済学者の職業的努力の結果、経済学は物理学なみに反論しえない認識に到達した、などと言える保証はまったくない。それゆえ最近の教科書が証しているとおり、経済学にはある程度の謙遜さが戻ってきた。すなわち、過去のグランドセオリー〔大理論〕とちがって、一連の諸章は、さまざまなやり方で観察事実と向き合いながら、部分的モデルの助けを借りて範囲の限定された問題をあれこれ扱っている（Core 2019）。要するに経済学者のコミュニティは、現代の諸問題をほとんど理解できないでいるのだ。

・内生的技術変化の仮説によって刷新されたにもかかわらず、長期停滞の怖れがあるのは成長理論に欠陥がある証拠でないのか。
・それを説明できる金融理論がないなかで、ゼロ金利やマイナス金利という金融政策からどうやって脱出するのか。
・気候変動は経済学者による自然の扱い方に再検討を迫っているのでないか。
・所得や富の分配を考慮することを忘れたので、理論家は自由化政策の受容可能性を、したがってその持続性を過大評価してしまったのではないか。

このように不確実な状態なので、何らかの経済決定論を引き合いに出すことはできないと考えざるをえない。というのも課題は事実上、新しい制度、組織、技術システムの出現にあるからである。これらに照応する諸過程は社会の内部で作用している。それら諸過程は、現実離れしたモデルによって

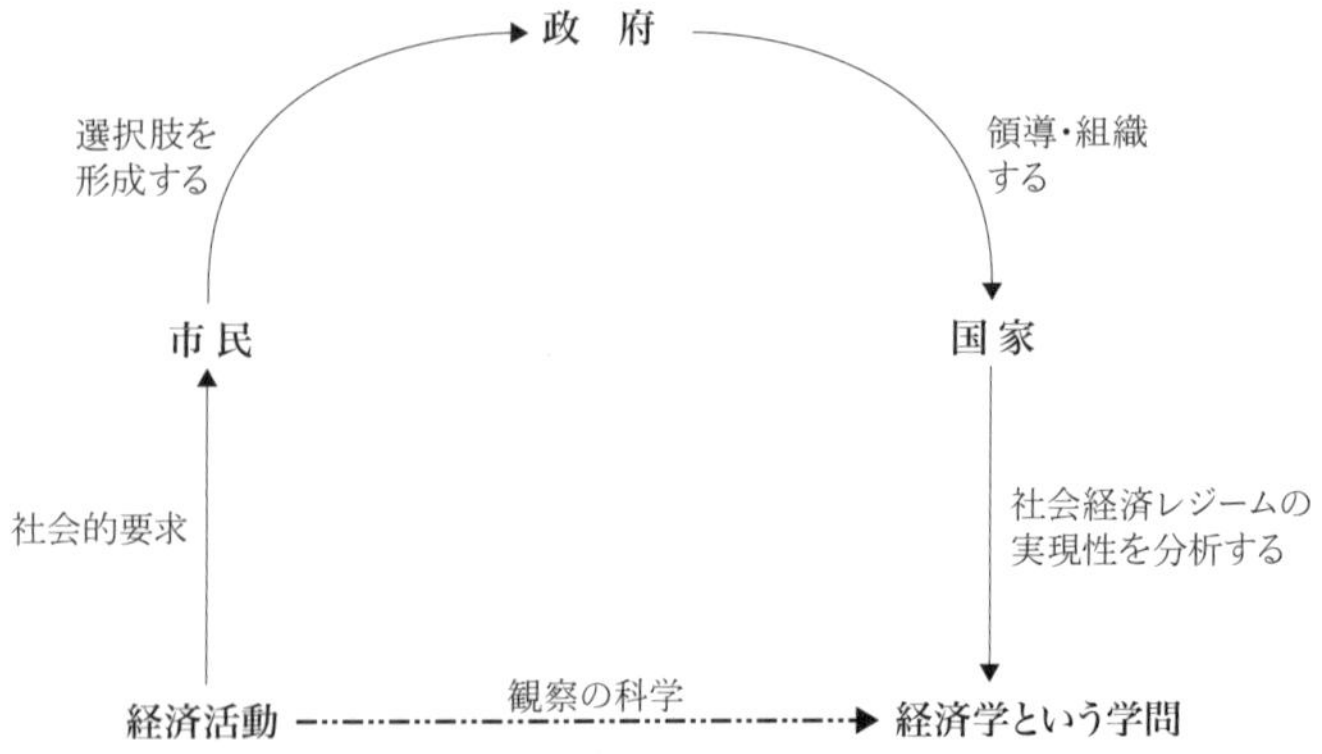


**図 7–1　市民生活に役立つ経済学という学問**

最適とされた政策の投影などではまったくない。経済はきわめて重きをなすことであって、一方で利害団体のイニシアティブに、他方で経済学者の職業集団に、あるいは市民的熟議なき両者の同盟に任せることはできない。民主主義にあっては、共通善〔共通財〕はパレート最適の追求に還元することはできない。民主主義は、市場メカニズムによって裁定される個人的選択によるものと、集合的なもの（教育・訓練、社会保障、税制、政治・経済空間における権力の配分といった、市民生活〔市民権〕のインフラストラクチャー）の構築とを区別するための、政治的諸提案を突き合わせることによって形成されるべきである。

それゆえ経済学者の仕事は、あらゆる経済的アクター――企業、銀行、それにまた賃金労働者やその労働組合――と対話することであって、たんに政府や行政機関とのみ対話することではない。比喩的にいえば、経済学者は生成しつつある調整《レギュラシオン》様式の探求者となりうるのであって、市場万能的な制度の推進に自己限定することはできないはずである（図

7―1）。

社会はあまりに複雑化し相互依存化したので、集合的選択を市場の自動制御《サイバネティクス》にゆだねるというユートピアは有効でなくなった。地球温暖化とか、パンデミックや金融危機の反復とかを思い浮かべてみよう。市場サイバネティクスという空想的なプロジェクトは、国際化とその危機という強風にさらされた社会の再構築について発言権を求める市民にとっては、まったく受け入れることはできないのである。

# 第8章

# 理論は歴史の娘である

## ――経済学という学問の弱点を暴き出した新型コロナ――

二〇二〇年に勃発した出来事によって、表題のような自覚を経済学者コミュニティの内部で高めていけるようになった。すでに強調したことだが、説明されるべき新しい現象こそ、政治経済学の相継ぐ前進を促してきた。実際、新型コロナのパンデミックは、経済学者と彼らが観察する社会との関係において一つの画期を刻印することになろう。暗黙のうちに広がっていた仮説が突如として無効となり、それによって、眼前の政治的経済的諸問題にふさわしい各種研究プログラムの動員――および新プログラムの考案――が必要となる。多様なプログラムのなかで、適切なブレークスルーはマクロ経済学の新しい基礎となる希望を与えているのだろうか（表8―1）。

## 1　世界空間とエコシステムへの経済領域の開放

ちょうど社会学者が社会的なものを通して社会分析に特化するように、経済理論家は原則的に、経済メカニズムを通して経済を説明しようとする。パンデミックのなか、人命の保護や維持よりも経済的ロジックの方が重要だなどと評価されたりすると、学問のこのような自己閉鎖性に疑問符が打たれることになる。健康危機はそれ自身、ウイルスの伝播が世界的性格をもっていることから生じ、ウイルスの出現は人間文明と動物界との出会いと関係している。いわば経済的ロジックの普及は外部性を生み出すのである。この外部性は、経済と環境の関係の分析によって考察されてきたところだが、しかしマクロ経済学者はその重要性に気づいていなかった。というのも彼らの分析は、そのほとんどが

表 8–1　パンデミックの試練を前にした各種研究プログラム

| 説明＼研究プログラム | 実験経済学 | 行動経済学 | ランダム化比較試験 | データサイエンス | 異質的主体からなる経済モデル | エコロジー経済学 | 歴史的制度的経済学 |
|---|---|---|---|---|---|---|---|
| 1. 世界的相互依存 | 対象外 | 対象外 | 対象外 | ありうるが視野にない | ありうる | Yes | ありうる |
| 2. 公衆衛生の考慮 | ? | 対象外 | Yes | ありうる | ありうるが複雑 | 間接的 | 経済／公衆衛生の階層性 |
| 3. 生産／社会の異質性 | Yes | 対象外 | Yes | ありうる | Yes | ありうる | ありうる |
| 4. 不可逆性 | ありうる | ? | ? | ありうるが稀 | Yes | 自然過程ゆえにYes | 制度的イノベーションを通して |
| 5. 根本的不確実性 | ? | ? | No | 対象外 | 限定合理性によって暗黙的 | 研究を通して縮減 | 制度／慣習により縮減 |
| 6. 信頼の形成 | 繰り返しゲーム | ? | ありうる | 対象外 | 対象外 | 政策立案者との関係が難題 | 政治過程を通して |
| 7. 制度と組織の出現 | ? | 対象外 | 対象外 | 対象外 | ありうるが稀 | 気候変動に関しては問題あり | 政治過程を通して |

景気循環の進展に焦点を当てていたからである。経済活動は自然諸過程に開かれたシステムのなかで行われるのだということを認識せざるをえない。その昔、石油価格が暴騰したことがあった。これは無限の成長と有限の自然資源の間に矛盾が生じうるということについて、アナリストたちに警告を与えるものであったが（Meadow et Randers 2012）、大多数の経済学者はその妥当性について異議を唱えた。ウイルスの毒性や国際的伝播の速さに驚いて、経済学者の仕事には直接、内生的と外生的をどう区別するのかといった疑問が投げかけられている。これは本質的な疑問なのだが、議論されることはめったにない（Boyer 2012）。

パンデミックは世界的な性格をもっているので、これによってマクロ経済学の創設期以来受け継がれてきた見方――つまりその本質的に国民的な性格――も揺るがされている。国際貿易、直接投資、資本移動に向けて門戸が開放されるにつれて、国民国家間の相互依存を描写したモデル化も増えてきた。ウイルスの流行によってグローバリゼーションの〔国際貿易、直接投資、資本移動に次ぐ〕第四の源泉が登場した。あらゆる国が急速に悪影響を受けるという結果になったので、多くの政府は封鎖という劇的な意思決定をし、その結果、その巨大な反射効果によって世界の経済活動は急激に低下した（OCDE 2020; Heyer et Timbeau 2020）。世界の公衆衛生という公共財を管理しうる国際機関が弱体なので、こうした前例なき構図が生まれてしまったのである。解決策は共同的かつ国際的であるべきなのに、分析ツールは本質的に国民的なままなのである。このギャップは、国民国家という孤立集団に影響するショックに立脚した、単純きわまるアプローチの弱点を意識させるには好都合である。マクロ経済学のミクロ経済学的基礎の研究が解決策にならないことは、明白だ。というのも課題は――潜在的には破壊的な相互依存を安定化させるような――国際諸制度の構築以外の何ものでもないからである。

## 2　根本的不確実性の突発は合理性理論の刷新を必要としている

マクロ経済学者たちは当初、パンデミックは生産や消費を毀損するたんなる外生的ショックだと考えていた（OFCE 2020）。だから、このショックを吸収して以前の均衡に戻るためには、家計の所得や企業の業績を支える措置を講ずれば、それで十分だ、と。ところが、ウイルス学や疫学の研究者らが迅速に対応したにもかかわらず、新型コロナの特性はなかなか分からないままであった。この病気のいちばん急性で致死性の高い症状を止める治療薬は見つかるのだろうか。ワクチンの有効期間はどのくらいであり、それは世界の全人口に行きわたるのだろうか。リスクテイクの計算ができる情報総体を持ち合わせないままに、任務上、各国政府は意思決定をしなければならない。この種の意思決定は前例がないので、第二類型の根本的不確実性が登場した。パンデミックが引き起こした被害の大部分は国家によって社会化されたが、その中長期的効果はどうなるのだろうか、という不確実性である。

さて、とりわけ経済メカニズムが多様化し複雑化した結果、ある意思決定の帰結を全体として合理的に分析することはできないということは、ジョン・メイナード・ケインズの『一般理論』の核心をなしている。各アクターは、自分よりも他のアクターの方がもっとよい情報を持っていると考えるようになり、その結果、アクターは支配的な行動様式を模倣する方向に傾いていく。この現象は金融市場に典型的に見られるのだが、それによって、将来にかんして時に楽観的な、時に悲観的な慣習的行動が相継ぐことが説明できる（Orléan 1990）。実際、各国政府はウイルスに対する闘争戦略のなかで互いを観察しあう傾向にあり、ついには急遽、各種人口層を連鎖的に外出禁止にした。……ひとたび科学者たちが新型コロナの秘密を解明し、外出禁止-外出解禁の多様なシークエンスのあり方から最終的に——だが遅きに失して——最善の戦略が判明したとき、事後的にみて、各国政府のとった措置が最適な意思決定だったかどうかわからないのである（Vespignani 2020）。そこから、根本的不確実性という状況下での意思決定の理論を再訪することが必要となり（Kay et King 2020）、これは長年来、実質的合理性の理論への代案となってきた（Simon 1982）。

金融市場では繰り返し起こるショックはどれも同じだとみなされており、これを基礎にしたリスク評価のうえに金融市場は機能していたのだが、その金融市場が混乱に陥った次第はこうした文脈のなかで理解できる。実際、パンデミックが新興諸国を襲ったときの不安や株価下落と、どこかの研究所が治療法や有効なワクチンの将来的利用可能性について初めて成功したと告知したときの楽観主義との間で、金融市場は揺れ動いてきた。だから、金融機関が——支払不能とまではいわなくても——流動性消滅のリスクから免れうるような融資枠を与えることによって金融機関を安心させるのは、中央銀行の役目である。さらによいことに、政府債務が爆発的に増加しているときでさえ、公共財政の持続可能性への疑念をしばし棚上げにするために、多くの政府は、中央銀行による公的証券の借換え禁止の措置を撤回した。この点、きわめて独自な状況なので、政策立案者は航路図なしに運航しなければならない。自らの意思決定を解明し正当化するために、過去のいかなる金融理論をも参照できないからである。なるほど、財政赤字への融資の持続可能性を正当化するために、現代貨幣理論〔MMT〕[1]が考案されたが、それは皆の賛成を得るにはほど遠い（Mankiw 2020）。というわけで、こうした歴史的変化に対して理論化は遅れをとっている。こうした見方は、「合理的」に意思決定するためには、完成された理論の諸原理を末端的なところで少々変更すればそれで十分だとする楽観主義的ビジョンの正反対をなす。

## 3　生産構造と社会経済的地位の異質性は極端な集計モデルを危うくする

当初、一部のマクロ経済的分析は、まずは戦争の遂行を、次いで経済の平時転換を組織するために、生産の部門別構造に関心を寄せていたのだが、次第に、国民経済計算の主要な集計値――生産、消費、投資、賃金、利潤――の間の関係を特別視するアプローチが優勢になってきた（Boyer 1976）。例えば

（1）**現代貨幣理論〔MMT〕**　自国独自の通貨をもつ国は通貨発行の制約がないので、いくら借金をしても財政破綻にはならないとする説。インフレにならないかぎり大量の国債を発行できるという。これに対しては、通貨価値の下落による輸入物価の上昇の危険や、いったん起こったインフレを制御できるかといった疑問が出されている。

公共支出の乗数効果に注目するケインズ理論がそれであり、マネタリストの考え方はこの大域的なアプローチを生産と貨幣の関係にまで拡大し、また、DSGEモデルも高度に集計化された分析というこの同じ系列に属することを忘れてはならない。

これらのアプローチはどれも、ある共通の、だが暗黙の仮説を共有している。すなわち、経済というものは構造的に安定したレジームの内部で機能しており、そこでは相対価格による調節を通じて、さまざまな製品やサービスの間での代替が十分になされている、と。ウイルスの拡散を阻止するために労働者や消費者の移動を制限するという政府決定とともに、エッセンシャルとみなされる生産（食品、医療ケア、物流）と、長かれ短かれの間なしで済ましうる生産（サービス、レストラン、旅行、文化、航空輸送など）との間に、独自な分割が現れた。そこから、過去に集計され検証済みのマクロ計量経済モデルは、そのほとんどが妥当性をまったく失い、バリューチェーン内部の相互依存を中心とした詳細な部門別アプローチが有力になってきた。こうして経済学者は、個人的移動、個人消費、企業活動にかんする情報をほとんどリアルタイムで収集しつつ、デジタル情報の潜在的可能性を利用するようになった。例えば農業や農産物加工業のように、ほとんど正常な活動に恵まれた企業が存在するかと思えば、他方、航空輸送業や国際旅行業にあってはその活動が奈落の底に落ち込んだ。このとき国民経済計算の枠組みは、こういったバラバラな情報の集積所として役立つのであり、もはや集計レベルでなく部門レベルでの生産、需要、所得形成の観点から雇用‐資源の制約を明らかにしてくれる（Timbeau 2020）。予想作業はきわめて困難となる。というのもこれは、まずは封鎖時の経済活動の収縮について、次に健康上の制約がなくなった時の活動の漸次的回復について、それらの伝播過程を正確に説明し描写することになるからである。

供給サイド論者と需要サイド論者との、市場信奉者と国家介入信奉者との教義的対立は無意味となる。というのも課題は、社会経済レジームの安定化に役立つような各種過程を再び同期化すること以外の何ものでもないからである。経済政策にかんする旧来の考え方は、こうした良質のプラグマティズムによってひっくり返される。昨日まで新自由主義の信奉者だった政府は、緊急事態にあっては、所得の重要部分の社会化を受け入れる。医療支出への資金調達を阻んでいた財源不足が突然なくなったが、その理由はおそらく、新規公債の金利がほとんどゼロになったからである。実際、強調されているとおり、ほとんどの中央銀行は財政赤字への直接融資を通して、経済の再活性化に貢献することを受け入れたのである。これは、政府や国庫からの中央銀行の独立性という原則とは明らかに別ものである（*The Economist* 2020）。かつて支配していたドクサがいかに状況次第のものであったか、――それが推し量られよう。それぞれに対応する規範は、普遍的でもなければ無時間的なものでもないのである。

## 4　金融・経済・公衆衛生の関係の再評価

市場経済の概念は暗黙のうちに、契約こそが諸個人間の相互作用の排他的形態なのだと仮定している。その結果、そこから生まれる経済的均衡は、取引の性質（財、労働、信用、金融資産）が何であろうと、あらゆる経済主体に同等の重みを与えることになる。こうした単純化によって、資本主義経済の二つの本質的特徴が台無しにされる。第一に、雇用関係はたしかに商品交換からなっている（賃金は労働の対価として支払われる）が、そこには従属関係も含まれている（賃金労働者は自らの活動の性質にかんして企業家の権威に従わなければならない）。第二に、あらゆる取引が同じ時間幅のうちにあるわけではない。つまり、金融市場はナノ秒のレベルで機能しており、生産は毎日毎日おこなわれており、他方、投資の幅は中長期的であり、さらに忘れてならないことだが、イノベーションは超長期的にしか成果を生まない。こうしたことは経済のダイナミクスの、とりわけ経済活動の急変の原因の一つなのである（Lordon 1979）。

時間幅のこうした分岐によって、各種活動領域の間にはヒエラルキーが形成される（Boyer 2013）。全般的な規制緩和の時代にあっては、金融市場が資産価格を決めるのであり、それを基にして企業は意思決定をし、公共当局は経済政策を策定する。その経済政策のうちには、中長期的な時間幅に属する医療投資関係のものも含まれる。新型コロナに対応した経済の停止は、こうしたヒエラルキーを逆転させた。ほとんどの政府が死亡率を抑える道を選んだが、その際、経済活動が大きく低下してもあえてこれを受け入れたので、金融業者は株式や公債の評価のうちにこれを考慮せざるをえなくなった。金融関係者はもともと忍耐強くはないので、彼らはこの新しい文脈――そこでは適切な時間は対コロナウイルス闘争の時間であって金融市場の時間ではなくなっている――に適応するのに苦労している

（IMF 2020）。こうして、たしかに躍進していたが政府のマクロ経済政策の片隅に追いやられていた医療経済学が、中心的位置を占めるようになった。ウイルス学者や疫学者が伝えるメッセージは、あらゆる経済的アクターが意思決定に際して考慮しなければならないものとなった（Krugman 2020）。経済学という学問の歴史性、ならびに、純粋経済学の公理的アプローチと中間レベル――これはマクロ経済学の対象たる経済活動の決定因をなす――に位置するプラグマティックな分析との乖離は、このうえなく強調されねばならない。

## 5　経済的ダイナミクスの中心的現象としての不可逆性

経済を下支えする政策のねらいは、一時的だと思われたショックのマイナス効果を緩和し、ひとたびパンデミックが制圧されたなら以前の成長経路に戻るようにすることにあった。フランスの場合、マクロ経済学者にとっても経済大臣にとっても、明白な目的は生産能力やスキルを無傷なまま維持することであった（OFCE 2020）。ということは、経済の完全なる伸縮性と可逆性を想定するにひとしい。封鎖ゆえの経済活動の低下は、上方への調節によってきちんと埋め合わせできるだろう、というわけである。ところが新型コロナは思ったほど急速かつ完全に下火にならず、その結果、多くの活動をいっせいに再開させることはできなかった。例えば航空機産業では何はともあれ高いスキルが過剰となり、投資の先送りによって生産能力の進歩が滞り、とりわけ不確実性が漂って正常への復帰が阻害された。

いくつかの経済では危機以前の生産水準にきわめて緩慢にしか達しえなかったので、二〇〇八年の大金融危機が長らくその痕跡を引きずったように、新型コロナの蔓延はもうすでに経済に痕跡をとどめている。経済予測の専門家はこぞって、パンデミックが克服されたとしても、以前の成長経路への復帰はごく緩やかでしかないと予想している。

ということは、適切な時間幅はコロナウイルスとの闘いという時間幅であり、これが期待形成における決定要因の一つになったということを認めることである。政策責任者の意思決定にかかわる不可逆性については、その第二の源泉が存在する。事後的にみれば、ひとたび健康危機から抜け出したなら、どれが最善の戦略だったのかを明らかにすることができるが、それでは政府の意思決定を明示するには遅すぎるだろう。例えば、ある国では封鎖期間が長すぎ、他の国（アメリカ）では短すぎるということがあるかもしれない。しかし悲しいかな、この教訓が考慮されるとしたら、それは次のパンデミックが起こるときでしかないのである（Vespignani 2020）。

だからこのことは、ヒステレシス〔履歴〕現象の起源をなすメカニズムにかんして長らく無視されてきた研究を再検討するよう、呼びかけている（Boyer, Chavance et Godard 1991）。ヒステレシス現象は多型的であり、マクロ経済学にとって格別に重要なことだ。理論的観点からは、これは例えば、異質なマルチエージェント・モデル[2]の枠組み内での独自な定式化を必要とする（Dosi *et al.* 2018）。経験的観点からは、ほとんどすべての経済部門がこれに関係している。

為替レートの持続的な過大評価は不可逆的に脱工業化を促進し、それが均衡価値に復帰しても脱工業化を克服できないことがある（Ducos et Lecointe 1990）。緊縮政策は生産活動の水準を収縮させ、投資比率の持続的低下が引き起こされるまでになる。このように短期的措置は長期的進化に悪影響を及ぼし、それによってシュンペーター的でもありケインズ的でもある効果が取り込まれることになる（Dosi *et al.* 2107）。

労働市場もまたこの種のメカニズムによって特徴づけられる。というのは、景気後退や危機の時期に労働生活に入った年齢層《コホート》は、もっと恵まれた世代の報酬プロファイルに、一般的には決して追いつくことはないからである（Allegre 2011）。あるいはまた、一時的だと思われていた減税が恒久的措置に変わり、そのことによって、公権力の収入が危うくなり、したがって国家支出の額と性質が危うくなる。最後の例はいわゆる金融緩和政策にかかわっており、これは名目の――さらには実質の――超低金利を生み出し、これを基礎にして金融機関は株式や債券を評価している。だから、およそ正統的な金融政策に戻ろうという試みは、債券市場および／あるいは株式市場が暴落する怖れとなって現れるのであり、これは中央銀行当局者が留意しなければならない点である（Artus 2020a）。

健康危機とともに、これら諸現象はどれも確かな時事的現実となった。パンデミックによって起こ

---

（2）**マルチエージェント・モデル**　複数のエージェント（主体）が一定のルールのもと自律的に行動することで影響を与えあう結果、各エージェントの行動ルールが動的に変化し、その反復によりエージェント集団全体が動いていくことを表現するモデル。

りうる不可逆性とは何か。マクロ経済的研究が適切な形で現代経済政策の選択を明らかにしようというのであれば、以上のような事態の推移はマクロ経済研究の新たな道を拓くことになろう。

## 6 市場経済／資本主義経済のうちに隠された制度

ソビエト体制の崩壊からしてすでに、多くの経済学者の研究におけるある盲点が浮き彫りになっていた。彼らの研究は、既存の市場がどう機能するかの——あるいはその可能的な改革の——理論を提起はするが、市場をどう出現させるかについては無力であった。というのも、たいていの場合、最も強力で最も情報に通じた者たちによる共謀とレント詐取が優勢となってしまうからである（Boyer 2001）。しかしながら例外も存在し、それはデリバティブ商品の金融市場を創設する場合である。つまり、確率過程の専門家がデリバティブ商品の評価方法を発明し、金融アクターたちがこれを利用して巨額の利益を手にしたのである（MacKenzie 2006）。けれどもこうした設計主義は、評価モデルが歴史的データに反する仮説のうえに構築されていたので、うまくいかなかった。要するに市場というものは、仲介利益を得る仲介者のイニシアティブのもと、試行錯誤の過程を経て出来上がってくるものなのである（Lesourne 1991）。

細かい違いは別にして、ポストコロナの経済回復もこれと同じ困難に遭遇している。バリューチェーンが国際規模にまで延長している点を考慮すると、いかなる企業家も、自らの生産の連続性を保証してくれる下請集団を再び見つけうるかどうか、確信が持てないでいる。長い歴史的過程にわたって出現し成熟してきた組織や制度を急速に創りあげることなど、容易でない。同じように、安定した社会経済レジームは、あらゆる取引が同じ時間幅のもとでなされているような印象を与える。実際にはそれは幻想であって、それというのも、ある成長経路が持続するか反対に危機に陥るかは、さまざまな社会的時間――生産の時間、消費の時間、学年歴の時間と労働時間、市場活動の時間、公共サービスの時間――の間の両立性いかんに由来するからである。公衆衛生の要請にもとづくある意思決定がこの補完性を乱すならば、経済回復の大前提はこれらの社会的諸時間を再度創りなおすこと以外の何ものでもない（Boyer 2020a et b）。これは純粋理論というよりも社会経済学の問題である。

信頼という問題は、経済政策の有効性にとって中核をなす。ところが、ウイルスの性質やこれとの闘い方にかんして保健医療当局が未熟で尻込みしていると、長期的射程をもった政策が有効かつ正統なものかどうかについて、一部の人びとに疑念を生じさせる。疫学者やウイルス学者自身がどう勧告したらよいか模索してきたという事実は、彼らの学問の科学性について疑いを生じさせ、それが行きつくところ、各人がみな即興で、ベテラン研究者と同水準の専門家となる。経済政策の指導原理についてもこれと同じような動揺が見られる。つまり新型コロナ以前、ほとんどの政府は、医療システムのアクターたちからの要求に応えうる資源がないと言い訳をしていた。それが突然、財政均衡の追求を奨励していた伝統的慎重論に代わって、「いかなる犠牲を払っても」という原則へと転換した。こうして危機からの脱出可能性について、極端に対照的な予測が対峙するようになった。すなわち、将来の国家破産、インフレしかもハイパーインフレが再来するリスク、景気回復措置の非有効性といった予測である。回復措置の非有効性の理由は、リカードの等価原理[3]が支配するだろうということであって、その基礎にある感情は、今日の緩和政策は明日の緊縮政策によって埋め合わされるというものである。

以上のとおり、政治経済学のほとんどの大問題が提起されている。市場経済の持続可能性を保証するために必要にして十分な組織や制度は何なのか。貨幣レジームと経済政策における信頼をいかに構築するか。金融の短気さによって推進された時間幅の対立が大きな経済危機に至ってしまうのを、いかにして防ぐのか。

## 7 経済の組織や制度はいかにして出現するか――超長期にわたって無視された課題

以上に見てきた考察は、結果として、経済の構造的安定性を仮定する一般均衡モデルの妥当性に異議を唱えるものである。一般均衡モデルは、経済学者にとっては、定式化に必要なものではないにしても都合のよい仮説である。しかし政策立案者の方は、自分たちが参考とする理論のなかには居場所がない危機というものに直面して途方にくれているのであり、そのような政策立案者にとっては、危険な仮説なのである。その原因が理解できないというのに、不況、デフレ、大量失業とどうやって闘うというのか。社会を異なった諸過程の接合として分析するのは発見に役立ち、大いなる妥当性がある。ある時は、諸過程が経済の中長期的回復力《レジリアンス》を保証するために結合し、またある時は、不均衡がある領域から他のそれへと伝達され、構造的安定性の喪失つまり大危機へと至る（Boyer 2015）。

加えて、ある特定の経済が特定の時期に立ち向かう重要問題を考慮に入れたモデルを展開することが大切である。レギュラシオン理論が扱うのはこうした中間レベルであるが、進化論的理論もそうであって、後者のモデルは、市場で競争している異質のアクターたちによる淘汰と学習の現象を考察している。当面の場合、パンデミックの推移が示す決定的な性格が意味するのは、およそ経済活動の定式化は健康面でのその帰結をも扱うのだということである（Auray et Eyquem 2020; Pichler *et al.* 2020）。というのも、持続性や回復力のあるレジームへの復帰を望みうるのは、パンデミックとの闘いの成功と経済の回復とが同期化することによってだからである。注目すべきことに、何人かの研究者はこうした研究プログラムに打ち込んでいる。彼らは、異質性を考慮し、特別な定式化とか、モデル内部で経済を自然空間のなかに統合することとかを考慮することによって、つまりは時代の最重要な問題に応えることによって、なしうる刷新を始めているのである。

---

（3）**リカードの等価原理**　政府の財源調達は租税によろうと公債によろうと経済効果に変化はないという命題。

# 結論

マクロ経済理論の変遷にかんする以上の分析から、経済学という学問分野の現状が初めて診断されることになる。そのためには、本書の枠を超える数多くの展開が必要となる。

・経済学という学問分野が危機にあることは、それが二〇〇八年の金融危機を理解できていないことによって証明されている。こうした経済学の危機において求められているのは、政治経済学の出現にまでさかのぼった歴史への復帰である。政治経済学が生まれた時代、分析のねらいは社会を特徴づけることにあり、考察対象はいちばん緊要な経済問題に向けられていた。そこから各種の観念、概念、メカニズムの形成が促されたのだが、それらにはめったに理論という名は付けられなかった。これに反して現代の研究者は、各種の社会経済レジームを超越するツールを開発するために、継起するいくつかの社会経済レジームの最も重要な性格といったことからは解放されようとして、高度な抽象化を好むようになった。銀行も金融市場も国際的開放もないような、そんなマクロ経済理論の妥当性など、いったいどこにあるというのか。そこには、二〇〇八年に始まった金融危機とこれに次ぐ経済危機の説明など存在しようもない。社会的組織諸形態やそれらの経済諸過程への影響を正確に特徴づけることを放棄するのは、危険きわまりないことだ。経済理論は歴史の娘であり、拡張された合理性原理の娘ではない。二〇二〇年における新型コロナの勃発によってマクロ経済学者は不意を打たれ、明らかに無効となったその中心的仮説のいくつかは再検討を迫られているはずである。

・経済学は経済分析の認識論的基礎を明示するのをためらっているが、そのことは科学性という自らの野望を損ないかねない。研究者はしばしば新しい理論を創案したと性急に主張するが、実はある部分的メカニズムを明らかにしたにすぎず、所詮、経済のダイナミクスを生み出すのに同じように貢献している他の相互依存関係の大海のなかで溺れている始末である。このとき忘れられているのは、理論的反省や計量経済学的検定によって明らかになった因果関係は、物理学の法則と同じものではないということだ。実際、言うところの因果関係なるものは蓋然的にしか通用せず、制度、組織、法的ルールを創出することによって社会的に構築された文脈に依存しているのである。社会科学では時空を問わず通用する法則は——まったく存在しないとは言わないまでも——めったに存在しないので、モデルという概念が理論という概念に取って替っている。とはいえ、さまざまな認識論的地位にある一連の各種モデル化を区別することはできる。例えば、パラダイム創設的なモデル、知的構築物の整合性をテストするための思考実験、特定の問題を解明するための特別なモデル、予測を目的とした構造的計量経済モデル、公私のアクターの意思決定を解明するためのモデル、というように。たしかに厳密な公理的アプローチは科学性の現れかもしれないが、しかしこのアプローチはそれのみで一つの専門的学問を確立することはできなかろう。ここに想起すべきは次のような物理学の戦略である。すなわち、エレガントな数学的定式化は予測を的中させねばならないのであり、このことこそ理論の名に値しうるのである。この点、経済学研究の失敗は、その細目的分野すべてを含めて明らかである。

経済学者の数はかつてなく多くなり、たえず新しいメカニズムやモデルを提案し、応用経済学のあらゆる領域を――征服するとまではいかなくとも――開拓している。経済のアクターたちは手段を持ってはいるが、克服できないような諸問題（とりわけ産業経済、医療経済、市場金融、労働経済）に遭遇しているのであり、経済学者はそのアクターたちの専門的要求にこうして応えているわけである。社会諸科学の研究者たちのなかで、経済学者はきっと一番の高給を得ており、彼らの専門的知識――世論はこれを繰り返し疑っている――は不断にメディアや政府によって動員されている。それがいわば彼らのアキレス腱である。つまり経済学者は、ある問題、ある分野、ある国ごとにあまりに細かく特化しているので、その数ほどに小さなコミュニティを形成している。その課題は共同の利益を守ることであって、必ずしも学問全体の科学性を追求することにはない。最も数学化されたアプローチ（例えば応用金融数学）でさえ、こうした利益相反に満ちている。強調しておかねばならないが、こうした病は生物学といった自然科学にも見られる。新型コロナのパンデミックに際しては、経済学者は生物学の重要性とともに不確かさをも知ることになった。経済学の特殊性は、それが社会のうちに組み込まれていることによって、経済学と科学的成果の解明との関係が弱められ、その統一性が破壊される点にある。事実ごく一般的に言って、一個同一の問題についてさまざまな「学派」が矛盾しあった診断を下している。例えば、インセンティブ理論と金融数学とでは、金融市場の安定性に対する金融イノベーションの役割にかんして、正反対の結論を出している〔第3章参照〕。にもかかわらず両アプローチの間には、学術的な突き合わせは何ひとつ組織されていない。こうして、経済学研究のダイナミズムや経済学による新領域の征服は、そのハードコアにおける実体の喪失やまっとうな科学的プロジェクトからの乖離と並行して進んでいく。経済学者のまやかしの成功はこの学問の基礎と統一性の危機となって終わる。極端な専門化は分業のアノミーの証拠であり、英国女王に対する経済学者の回答〔「序説」参照〕はそれを半ば認めている。というわけで、コロナウイルスのパンデミックに対して各国政府が決定した経済活動の停止は、経済の各種分野間の相互依存関係を、そしてそれ以上に経済と政治・社会・自然環境との関係を最重要課題として据えることになる。

マクロ経済学はこのように、学問のこうした分裂の犠牲者である。それはもはや、研究者たちの知識――および疑問――を総合する場ではなくなっているからだ。ミクロ経済学はそれ自身、情報の非対称性、不確実性、不可逆性を考慮しないので時代遅れとなっている。マクロ経済学は今日、そのミクロ経済学的基礎の研究のもとに呑み込まれてはいるが、しかしマクロ経済学は、研究者の知識と才能が格別に必要な学問でありつづけている。実際、個人レベルで得た直観が経済全体のレベルでは欺かれることがあるからには、社会は情報にもとづいた診断をマクロ経済学に期待しているのである。ところが、代表的主体――実質的合理性の下僕にしてプロの計量経済学者なみの敏腕を具えているとされる――というフィクションを採用することによって、新しい古典派マクロ経済学はその教えからあらゆる妥当性を取り去ってしまった。つまり、こうしたロビンソン・クルーソーもどきの虚構の経済学は、この学問の基礎そのものと矛盾している。もっともゲーム理論は、標準的なものであれ進化論的なものであれ、アクター間の戦略的相互作用の役割を前面に出したが、しかしそれをマクロ経済学に直接適用できるわけではない。マクロ経済学は相互依存的な諸分野で活動している無数のアクターを含んでいるからである。異時点間の一般均衡という鉄の法則 対 戦略的行動の理解という、これら両極端の間にあって、マクロ経済学は事実上、諸過程の総体を発見し組み合わせる能力のうえに立脚している。これら諸過程の総体が相互作用することによって、安定的であれ分裂的であれ、またしばしば景気循環的であれ、経済のダイナミクスが生ずるのである。仮説的推論《アブダクション》、つまり観察事実に対して可能な原因を推論していくという考え方は、この場合、問題となっている現象をいちばんうまく説明する理論的アプローチを発見するための技法となる。このことは研究の決定的モーメントを指し示しているのであって、このモーメントは、時と所によって異なった割合においてであるが、反復と革新を組み合わせる経済諸過程の生成へと開かれていく。以上のように、コロナウイルスが生み出した新しい大量失業の危険を克服することは、以前には分離可能だと思われていた諸領域――経済活動、社会的不平等、公衆衛生機関、環境制約――を再び接合させることを想定している。

・一方では、経済のロジックがそうあるべきだとしたものから抽象された理論的基礎の研究があり、他方には、制度、組織、技術システムの構図によって後押しされたダイナミクスにおける統計的規則性の検出があるが、この学問の歴史から浮かび上がるのは、その両者の間に繰り返し緊張が走っているということである。例えば、この両側面を和解させえなかったので、経済学という学問は、一般均衡理論――これは数理経済学の発展そのものによって残酷にも裏切られてしまったが――の一般化に期待を寄せながら、まずは仮説的‐演繹的方法をとった。皮肉なことに、ケインズ的アプローチの批判者はそれでもなお、英雄的な仮説を積み上げることによって、このプログラムに固執するのだと宣言している。仮に理論から逸脱してもそれが観察事実と一致していれば、自分たちの非現実性などどうでもよろしい、と。残念ながら、実物的景気循環モデルや動学的確率的一般均衡モデル――検定でなくカリブレーションを含む――がはじき出す計算値は、これをごく大目に見た場合でも、この新しい正統派の妥当性を回復させることはできなかった。こうした袋小路への対応として、二〇〇〇年代半ば以降、若い世代の人びとは、もはや仮定された因果関係でなく実際の因果関係を探求しようとして、実験的実証的アプローチに加わるようになった。経済システムの理解を意図したグランドセオリーとの断絶は、ここに完遂された。なぜなら経済学者は、厳密な統計的および／あるいは実験的な手法に裏づけられた事実を収集するようになったからである。このことは、イデオローグではあるが科学者ではないと思われている理論家同士の過去の論争とはちがって、それだけ公的意思決定の役に立つ。たとえ、これら諸事実が危険であり、その危険を抽出しづらい文脈と結びついていたとしても、である。このような分岐は、いかなる点でもマクロ経済理論の危機の解決にはならず、このマクロ経済理論は若い世代によって見捨てられている領域であるが、しかしなおこの領域は、数々の現代的不均衡の拡大を克服するために、きわめて本質的な重要性をもっている。ここに現代的不均衡とは、国際的開放の変転、金融不安定性、不平等が諸社会の政府能力に与える帰結、遅れてしまった環境への配慮、保健衛生上の安全といったグローバル公共財への配慮の遅れなどを指す。二〇二〇年代の初め、著名なマクロ経済学者たちが困惑しているのは、公的意思決定や対政府勧告のために使われるモデルの公理的基礎が幻想のうえに立っており、それによって構築された研究プログラムが知的危機にあるという徴候である。そうしたモデルの規範性は複雑な相互依存関係という壁に突き当たるのだが、そういった相互依存関係はこの学問の核心部には居場所がないか、あるいはほとんどないのである。

・学問的基礎との整合性ならびに観察事実との適合性、――この二点を一個の統合的アプローチのうちに和解させせえないのは、偶然そうなったわけではない。才能がないからだということでもなおさらない。この職業集団には人材が豊富にあるからだ。根本的に言って、国際的規模で、経済学者の分野が次第に構造化されてきたことによって、インセンティブとルールの巧妙なネットワークが創設されたのであり、これが極端な専門化、思想的コミュニティへの埋没、計量書誌学への優劣選別の一任への道を開いた。こういう形で研究システムを指標によって先導するというのは、認識論的かつ方法論的な反省にとってあまり好ましいことではない。そのような反省は、分裂した学問を再構成するためにかつてなく必要なことである。この学問の信用性は、科学性という約束と、大危機と同じく重要な諸現象についてのみすぼらしい説明能力とが乖離してしまったことによって、はなはだしく地に堕ちた。大危機は市場経済の存在さえも危地に陥れたのではないか。これらのことを資本主義と特徴づけるのに躊躇することが、認識論的障害をなしているのでないか。また、政治経済学のプログラムと決別したのは、この学問が困惑している原因でないのか。おまけに、大企業や金融機関といった民間アクターから、経済学者へのサービス需要が大いに高まったことが、概念的反省から遠ざかってしまった第二の媒介役をなし、とりわけ大量データ処理の専門家や技師や政策立案に応用可能なモデルの作成者といったような、プロフェッショナルを教育するインセンティブを大学に与えることになった。経済学という職業はもはや、一七世紀のひと握りの思想家が、あるいは戦間期の経済学者でさえもがかかえていた諸関係——これほど多くの未知の諸現象が出現する社会をどう分析するか——とは、はるかに隔たったかかわりしかもたない。コロナウイルスのパンデミックは、多様な危険——それは各国経済を襲い、またバラバラになりつつある国際レジーム内部での各国経済の関係を襲っている——の分析に立脚した現代の政治経済学を再構成するための絶好の機会を提供している。

科学的アプローチの前提は、私が採用した方法論による成果の堅固さは保証されているかといったように、各研究者のレベルにおいてだけでなく、とりわけまた専門分野のレベルで、再帰的反省への永続的努力をすることである。つまり、科学的アプローチによくある論争を知の前進に転換するために、われわれの組織は必要な能力を形成しており、それにふさわしい機関を持っているのか、と。この学問分野の第一人者たちが研究スタイルに与える学術組織の影響について分析したことがある。彼らが一致して強調するには、模倣主義とまでは言わないまでも、順応主義への圧力ということであった。このとき犠牲となっているのは、現代社会の理解にとって新分野を開きうるような野心あふれるプロジェクトである。「何が何でも発表せよ」というストレスに満ちたシステムに浸かりきった若い世代は、先輩たちの助言に従うことができるのだろうか。そうあるための前提は、おそらく、リスクテイクしたがって失敗を恐れないようなキャリアの道を開くことであり、これによってこそ特殊な独創的なアプローチが生まれるのである。さらにまた、研究所を創り、次いでフォーラムやアゴラを創って、そこで科学的成果について議論がなされるならば、突き合わせと熟議によるコンセンサスを形成することができ、こうしてこの学問を再編する道が開けよう。傲慢な科学性の主張がごく頻繁になされているが、以上のことはそれに対する興味ある代替策であろう。最後に想起すべきことは、理論家は社会の上部にいるのでもなく、選択の合理性の原則が意味するものを教える立場にもないということである。理論家の仕事はもっと慎ましやかに、出現しつつある諸属性――これは個人的諸戦略の相互作用ならびにアクター自身による組織・制度・技術の創発の結果である――を検出することにあるはずだ。これは、非均衡型の動態過程をモデル化することによる、まったく別のマクロ経済的アプローチとなろう。コロナウイルスによって幕開けとなった時代はこの型の賭けを必要としているのであり、それほどにこの時代は、先行する二〇年間とは断絶しているのである。

以上のとおり、経済学者は、自分たちの理論が歴史をつくるのだという幻想を放棄すべきであろう。経験が教えるのはむしろ、政治経済学は歴史の娘だということである。こうして再帰的反省といっそうの科学性に向かっての進歩は、再び謙虚になった学問に向かって歩調を合わせていくことだろう。けれども、ある不確実なことが残る。二一世紀の経済理論が生まれるのはどこにおいてか。義務、期待、それに業績へのインセンティブを過剰に負わされた大学の中核においてなのか、それとも、右のようにさまざまな専門分野に開かれた野心的な研究プログラムが花ひらきうるような、そのような無数の自律的なセンターの協働作業によってなのか。

# 謝辞

本書は経済学を、社会諸科学のうちに、とりわけ経済史のうちに組み入れるというプロジェクトに参加したすべての同僚や友人に捧げられる。私はジャクリーヌ・ジャン Jacqueline Jean に感謝する。彼女はいつも、私の研究とともにいて刺激を与えてくれ、本書を含む一連の多くの著作を取りまとめてくれた。私はまた、匿名の二人の読者とアニー・コット Annie Cot に御礼申し上げたい。後者は、この小著をまとめるに際して中心的な役割を果たしてくれた。

# 訳者による解説とあとがき

本書は Robert Boyer, *Une discipline sans réflexivité peut-elle être une science? Epistémologie de l'économie*, Paris: Editions de la Sorbonne, 2021 の全訳である。題名を直訳すれば「再帰的反省なき学問は科学たりうるか——経済学の認識論」ということになろう。しかし「再帰的反省」の語はなじみ薄いので、この訳書では、サブタイトルの「経済学の認識論」をメインタイトルとし、「理論は歴史の娘である」（本書終章の題名）という著者の積極的観点をサブタイトルとして取り入れた。

二〇世紀末から二一世紀現代にかけての主流派マクロ経済学の変容と退化を、経済学そのものと経済学者集団のあり方との両面から批判的に明らかにし、経済学者たちの対話の場の必要性を訴えることが中心的主題となっている。そのときのキーワードが「再帰的反省」と「理論は歴史の娘である」の語である。以下、この点を中心に少々補足的な解説をしておこう。

## 再帰的反省とは何か

原題中の réflexivité（英語の reflexivity）は、アンソニー・ギデンスやニクラス・ルーマンなど、とりわけ社会学の分野でしばしば登場する概念であるが、ボワイエはピエール・ブルデュー『リフレクシヴ・

ソシオロジーへの招待』(水島和則訳、藤原書店)のそれに多くを負っているという。Réflexivitéは通例「再帰性」とか「反省性」と訳されることが多いが、本書では、やや同義反復の感もあるがあえて「再帰的反省」とした。本文中の訳注でも示しておいたが、さしあたり「研究対象に対する研究主体の立場を客観的に反省すること」と理解されたい。

再帰的反省は右の書物に限らずブルデュー社会学のきわだった方法視点をなしており、たんに研究対象を客観分析するだけでなく、その客観分析を行う研究主体をも自己回帰的に反省することを意味する。ブルデューには『社会学の社会学』(田原音和監訳、藤原書店)という書物もあり、客観的分析結果たる科学をその研究主体の立場や思想に反省的に立ち返って科学しなおすこと抜きには、つまり「科学を科学する」こと抜きには、科学は科学たりえないと彼は考える。それをまねて言えば、ボワイエの意図は「経済学の経済学」にあるのだとしたいところだが、さすがにこれは適切な表現ではないので別の言葉を使えば、「経済学の認識論」を問題にすること、それが本書の意図である。「客観化を行う主体を客観化する」ことを経済学において成し遂げようというわけである。

では一体、具体的に何を再帰的に反省するのか。それは何よりもまず、ケインズ以降のマクロ経済学のあり方である。ボワイエ自身、フランスの経済官庁で、ケインズ的伝統のもとマクロ経済モデルと計量経済学の専門家として出発しながらも、一九七〇年代の経済的激変のなかで従来の自らのモデルが失効したことを否が応でも自覚させられ、そこからやがて歴史的制度的マクロ経済学(レギュラシオン理論)を開拓していった経歴をもつ。そういった自分史を胸中におさめつつ、あらためて世間一般のマクロ経済学(いわゆる標準的経済学)の一〇〇年間を振りかえる。

マーシャルらの新古典派的《ネオ》ミクロ経済学のなかから、一九三〇年代の恐慌と失業の時代、ケインズによってマクロ経済学の基礎が据えられ、それがやがて計量経済学の発展を促して、マクロ経済学は戦後先進諸国における経済政策の策定に大きな貢献を果たした。しかし一九七〇年代のスタグフレーションとともにケインズ経済学の限界が露呈しはじめると、マクロ経済学を他の社会諸科学へと開いて歴史や制度のうえに基礎づけなおし、もってレギュラシオン理論の形成へと向かったボワイエとは反対に、標準的なマクロ経済学は「ミクロ的基礎づけ」なる合言葉のもと、ミクロ経済学に吸収されていよいよ「純粋経済」的世界へと閉じこもり、こうして実物的景気循環論など、新しい《ニュー》古典派マクロ経済学が隆盛を迎えた。「歴史的制度的基礎づけ」か「ミクロ的基礎づけ」か。主流をなすことになった、ミクロ的に基礎づけられたマクロ経済学なるものは、しかし、二〇〇八年のグローバル金融危機を理解も予測もできないことによって陳腐化と危機に陥った。ボワイエはマクロ経済学の辿ってきた道をこう振りかえる。

こうしたマクロ経済学の変遷をもたらしたものは何か。一つには「経済の変容」「経済の構造転換」がある。経済社会は時間的にも空間的にも変化するものであり、とりわけ時間的＝歴史的な変化とともに解くべき重点課題も異なってくるし、在来の経済学の発想では対応できない問題も生まれてくる。一九三〇年代における大量失業、戦後の経済成長と南北問題、一九七〇年代のインフレ、一九八〇年代以降の経済の金融化・グローバル化、そして格差社会問題や環境問題、二一世紀現代の金融危機やパンデミックなど、さまざまな課題が経済学に突き付けられてきた。あるいはこの間を、戦間期資本主義、戦後フォーディズム、金融資本主義、グローバリズムとその動揺といった経済構造の転換としても描けよう。そうした歴史とともにマクロ経済学も変容を遂げてきた。

だが、もう一つ、ボワイエが強調するのは「学問分野の内的要因」「経済学界の構造化と専門職業化」にかかわる問題であり、要するに経済学における「再帰的反省」の問題である。こういうことだ。つまり経済学者は、孤立した環境のなかで単独で研究しているわけではない。彼らは明示的であれ暗黙的であれ、特定の「認識コミュニティ」に加わっており、まずはその仲間によって認知されねばならない。彼らは何らかの職業集団に属しているのであり、その職業集団グループのパラダイムを共有しなければならない。仮にそのパラダイムが時代遅れになったり現実的妥当性を失ったりしても、よほどのことがないかぎり既存パラダイムへの順応主義が優勢となる。みんなで間違えば恐くない、というわけである。

これに輪をかけて経済学者の評価と昇進の構造という問題が加わる。研究業績はビブリオメトリクス（計量書誌学）によって、つまり査読論文の数、被引用数、掲載ジャーナルのランキングなどによって評価されるのは自然科学ではよく見かけられるが、人文社会科学の分野では経済学においてこれが最も進んでいる。ここでよいスコアを記録しないと就職・昇進や栄転もおぼつかない。いきおい経済学の論文は体制順応的になって特定のパラダイムのなかに閉じこもり、その特定パラダイムの枠内での研究にいそしんで、独創性が失われていく。研究者はますます小さな世界に閉じこもり、他の社会諸科学はおろか、同じ経済学のなかでも他のアプローチへの関心を失う。それればかりか、自らの研究成果が現実世界の総体的ダイナミクスに対していかなる妥当性をもつかへの眼を失う。「さまざまな社会諸科学のなかで、経済学者が他の専門分野から引用することは最も少なく、逆に経済学者が他から引用されることもいちばん少ない」と本書で述べられているが、今日の経済学の、そして経済学者という職業集団の、あり方への批判として、大いに噛みしめられてよい言葉である。

経済学における分業のアノミー、グループ化された職業集団間の分裂、経済学者育成組織における点数主義と模倣主義、科学的真理の追求よりも所属組織のパラダイムへの忠誠、——このような専門家集団内の組織内的要因が、経済学をしてその説明力を失わせてしまったのではないだろうか。教義的マクロ経済学の今日的退化は、こうした点への再帰的反省の欠如の必然的結果なのであろう。「客観化を行う主体を客観化する」という認識論的な再帰的反省は、この経済学においてこそ最も切実に要請されている。

## 理論は歴史の娘である

理論は歴史の娘である！　本書に限らずボワイエがしばしば発する言葉である。理論は歴史の娘であって、合理性の娘ではない。一般均衡の娘でもない。ボワイエがこう叫ばざるをえない背景には、新しい古典派経済学があまりに非現実的な仮定をおき、あまりに非現実的な結論を引き出していることへの強烈な批判意識がある。

新しい分析課題を前にしてマクロ経済学はこれまで、その「理論的基礎との整合性」と「観察事実との適合性」という、二重の要請のもとで展開を遂げてきた。整合性と適合性は自然科学におけるほど厳密ではなかったかもしれないが、ともかくもマクロ経済学はこの二つの基準を満たしているかぎり「科学」を名のることができた。ところがしかし、新しい古典派マクロ経済学の登場とともに、両者の乖離と疎遠化はますますもって拡大の一途をたどることになった。

一方には、豊富に利用できるようになったデータを活用してその計量分析を深化させる試みがあり、それはいわば帰納的方法を重視する学的志向をとる。そしてこれは、ＶＡＲ分析やランダム化比較試験といった新しい計量分析法の開拓につながっていった。こうした方向性は新しい古典派とは別のところで展開されたものであるが、そこにあっては、たしかに「観察事実との適合性」への大いなる貢献がなされたのであるが、しかし「理論的基礎との整合性」は後景に退きがちであった。

他方では、これと反対に「理論的基礎との整合性」を重視し、つまりは合理性や均衡の原理へと回帰する道が選ばれた。端的にいってワルラス一般均衡論との整合性を追求する道であり、その際には「合理的期待」の仮説が大いに活躍した。合理性や均衡という公理的基礎から出発する演繹的論理の道である。いうまでもなくこれは新しい古典派マクロ経済学がとった方法論であり、アメリカ・ニューケインジアンの多くもこれに合流したことによって、近年のマクロ経済学の主流となった。

これによって理論的精密化は進められたのであろうが、しかし決定的難点として「観察事実との適合性」は放棄された。理論の現実的妥当性はどうでもよいことになってしまった。例えば失業についていえば、それは働きたくても職がないとか不本意にも解雇されたとかの結果でなく、あまりの低賃金ゆえに労働者が労働よりも余暇を自発的に選択した結果なのだ、と説明されてしまう。また「合理的期待」に至っては、いかなる政策介入がなされようと、経済諸主体はその将来的結末に対してつねに正しい合理的予想ができる千里眼を具えているとされるが、そんな個人はどこにもいない。いたら政府という「見える手」が不要になるのはもちろん、市場という「見えざる手」に導かれる必要もなくなる。ということは、市場経済の住人でない諸主体を前提に置いて、市場経済は安定的かつ均衡的だと言い立てるにひとしい。

という次第で、マクロ経済学を一般均衡論との整合性のうえに再建しようとする試みは、おそらく非現実的な議論に至りつき、二〇〇八年危機の実態をはじめとする歴史と現実の説明力を喪失した観念遊戯へと堕してしまった。理論を合理性や均衡の娘としたことの結末である。あるいは、「再帰的反省」の語義をやや広げていえば、理論と現実の間での再帰的反省を怠った代償である。

たしかに、理論的整合性と経験的妥当性はそう簡単には両立しえず、この点はマクロ経済学を長年悩ませてきた問題である。このとき想起すべきは、そもそもあらゆる資本主義社会に妥当する普遍的経済理論ないし一般的大理論なるものは存在しうるのか、という問題である。ボワイエは以前にも、『資本主義なるものの理論は存在しうるか』（邦訳題名『資本主義vs資本主義』山田鋭夫訳、藤原書店）と反語的に問うており、また彼の研究を集大成した書『資本主義の政治経済学』（原田裕治訳、藤原書店）は正確には『諸資本主義の政治経済学』である。つまり、少なくとも理論化や分析に当たっては、「資本主義なるもの」（le capitalisme）でなく「諸資本主義」（les capitalismes）を対象とすべきだとの含意がある。言い換えれば、資本主義は時と所に応じて多様な姿（つまり各種の社会経済レジームないし発展様式）をとるのであり、そういうものとしての資本主義を説明する方向での理論化が何よりも要請されているということである。

要するに超歴史的な（あるいは資本主義貫通的な）一般法則などよりも、特定の時空において存在する経済社会（社会経済レジーム）を分析するための概念や方法を創案することに、まずは注力すべきだということである。グランドセオリー（例えば一般均衡論）よりも、第一には社会経済レジームの理論（レギュラシオン理論的には発展様式論や成長レジーム論）へと眼を向けるべきなのである。理論的総合への志向を捨て去るわけではないが、大理論よりも中理論をまずは目指すべきだということでもある。特定の歴史的および制度的な基盤に立脚する特定の社会経済レジームの分析学として、マクロ経済学を展開していく道が模索されるべきであろう。そうすれば、現実を説明しえない空虚な思考実験的モデルに代わって、変化する歴史的現実に基礎を置きながら当代の重要課題への処方箋を提起しうる政治経済学が花開くであろう。理論は歴史の娘であって、合理性や均衡なるものの娘ではないのである。

## 学術のアゴラに向けて

経済学の専門職業化とその職業組織内における極端な分業化の進展は、そして個々の研究者の視野の狭窄化は、同じ問題に対する異なるアプローチへの関心を喪失させ、その結果、研究の方法や結果について相互に突き合わせて検討しあう機会はめったに存在しない。この点でも、経済学者相互間で再帰的に反省しあうことはないにひとしい。これは公理的パラダイムから出発する演繹的研究の場合には最も顕著であり、眼前の現実に即して自らの理論なりモデルなりを——他のアプローチとの討論を通じて——修正ないし再考する姿勢にはなかなか至らない。

遅ればせながら、そして十分なものとはならないかもしれないが、経済学という職業集団に属する各自には、異なるアプローチを突き合わせ、討論し、可能ならば総合化していけるような共通の広場（アゴラ、フォーラム）を形成し、参加していくことが求められている。細分化された自らの専門研究を少しでも当代の資本主義的市場経済の構造や趨勢と関連づける眼をもたないと、経済学者は「なぜあなた方はこんな大事件〔二〇〇八年危機〕が来るのを予見できなかったのか」(エリザベス女王)との問いを、再び突き付けられることになってしまう。

経済学の再出発に際して共通の基盤となるべきものはあくまでも眼前の社会経済レジームの歴史的現実であって、自ら奉じてきた大理論的な仮説やパラダイムの絶対性・無謬性なるものに居直ることではない。この点はたんに標準的マクロ経済学においてのみならず、歴史的制度的マクロ経済学にあっても銘記すべきことであろう。経済学者がなすべきことは、自らの科学性を傲慢に主張することでなく、市民がかかえる切実な課題に応えるべく、市民的要求をつつましやかに聴きとり、それをささやかながらも理論化し、その先に政策的助言ならびに市民個々人への処方箋を引き出すことであろう。市民自身がそうした理論や処方箋を構想する主体となっていくことができれば、これに越したことはない。そのためにも、これをめぐって、市民と経済学者の間に再帰的反省のアゴラと対話が必要とされているのであろう。

この訳書の準備に当たっては、著者ボワイエ氏からいくつかの示唆を得ただけでなく、鍋島直樹(名古屋大学)および西洋(阪南大学)の両氏から貴重なアドバイスをいただいた。記して感謝申し上げる。出版に際しては、藤原書店の藤原良雄社長より、また編集担当の山﨑優子および藤原洋亮の両氏より、格段のご尽力をいただいた。心から御礼を申し上げたい。

二〇二二年九月

山田鋭夫

Stiglitz Joseph (1987), « Dependence of Quality on Price », *Journal of Economic Literature*, 25, March, p. 1-48.

—— (2003), *La Grande Désillusion*, Paris, Le livre de poche. [Original : *Globalization and its Discontents*, New York, W. W. Norton, 2002] 鈴木主税訳『世界を不幸にしたグローバリズムの正体』徳間書店，2002 年.

Summers Lawrence (1986), « Some Skeptical Observations on Real Business Cycle Theory », *Quarterly Review*, 10(4), p. 23-27.

—— (1991), « The Scientific Illusion in Empirical Macroeconomics », *The Scandinavian Journal of Macroeconomics*, 93(2), p. 129-148.

Supiot Alain (2015), *La gouvernance par les nombres*, Paris, Fayard.

Thaler Richard (2016), « Behavioral Economics: Past, Present and Future », *American Economic Review*, 106(7), p. 1577-1600.

*The Economist* (1997), « The Puzzling Failure of Economics », 13, August 23.

—— (2000), « Economics Forum: The Future of Economics », 90, March 4.

—— (2016), « Cambridge Economists; The Art and Science of Economics at Cambridge », December 24. (https://www.economist.com/christmas-specials/2016/12/24/the-art-and-science-of-economics-at-cambridge).

—— (2020), « Why the Bank of England is Directly Financing the Deficit », April 18.

Thom René (1974), *Modèles mathématiques de la morphogénèse*, Paris, Editions 10/18.

Timbeau Xavier (2020), *Pourquoi la comptabilité nationale résiste à la pandémie*, Paris, Centre Cournot.

Tirole Jean (1988), *The Theory of Industrial Organization*, Cambridge, MIT Press.

—— (2016), *Economie du bien commun*, Paris, PUF. 村井章子訳『良き社会のための経済学』日本経済新聞出版社，2018 年.

—— (2018), « L'Homo economicus a vécu », *Le Monde*, 5 octobre.

Tobin James (1980), « Are New Classical Models Plausible Enough to Guide Policy? », *Journal of Money, Credit and Banking*, 12(4), Part 2: *Rational Expectations*, p. 788-799.

Van Orden Richard (2015), « Interdisciplinary Research by Numbers: An Analysis Reveals the Extent and Impact of Research that Bridges Disciplines », *Nature*, 525 (7569), p. 306-308.

Vespignani Alenssandro (2020), « The Challenge of Modelling in a "War", in Modelling Covid-19 », *Nature Review, Physics*, May 6, p. 410-422.

Whitley Richard (1984), *The Intellectual and Social Organization of the Science*, Oxford, Oxford University Press.

Wren-Lewis Simon (2016), « Unravelling the New Classical Counter Revolution », *Review of Keynesian Economics*, 4(1), p. 20-35.

Presentation at the Cournot Conference, Paris.

—— (2010), « Alternative Programmes, Renewing Macroeconomics », Presentation at the Cournot Conference, Paris, « Les bienfaits de la macroéconomie » 2 et 3 Decembre, p. 8, (https://www.centre-cournot.org/img/pdf/pdf-conf/Programme%20conf%C3%A9rence%202010%20(74.9%20KiB).pdf)

Semmler Willie, Peter Flaschel et Reiner Franke (1997), *Dynamic Macroeconomics, Instability, Fluctuations, and Growth in a Monetary Economy*, Cambridge, MIT Press.

Seppecher Pascal (2014), « Pour une macroéconomie monétaire dynamique et complexe », *Revue de la régulation*, 16. (http://regulation.revues.org/10977).

Shiller Robert (2017), « Narrative Economics », *American Economic Review*, 107 (4), p. 967-1004.

Simon Herbert (1982), *Models of Bounded Rationality: Behavioral Economics and Business Organization*, Cambridge, MIT Press.

Smets Frank et Rafael Wouters (2003), « An Estimated Dynamic Stochastic General Equilibrium Model of the Euro Area », *Journal of the European Economic Association*, 1(5), p. 1123-1175.

—— (2007), « Shocks and Frictions in US Business Cycles: A Bayesian DSGE Approach », *American Economic Review*, 97(3), p. 586-606.

Smith Vernon L. (1980), « Relevance of Laboratory Experiments to Testing Resource Allocation Theory », dans Jan Kmenta et James B. Ramsey (dir.). *Evaluation of Econometric Models*, New York, Academic Press, p. 345-377.

Solow Robert (1956), « A Contribution to the Theory of Economic Growth », *Quarterly Journal of Economics*, 70(1), p. 65-94.

—— (1986), « What a Nice Girl like you Doing in a Place like this? Macroeconomics After Fifty Years », *Eastern Economic Journal*, 12(3), p. 191-198.

—— (2008), « The State of Macroeconomics », *The Journal of Economic Perspectives*, 22(1), p. 243-246.

Solow Robert M., Robert Dorfman et Paul Anthony Samuelson (1958), *Linear Programming and Economic Analysis*, New York, McGraw-Hill. 安井琢磨ほか訳『線型計画と経済分析』岩波書店，1958 年.

Sonnenschein Hugo (1973), « Do Walras' Identity and Continuity Characterize the Class of Community Excess Demand Functions? », *Journal of Economic Theory*, 6, p. 345-354.

Sornette D. (2014), « Physics and Financial Economics (1776-2014): Puzzles, Ising and Agent-based Models », *Reports on Progress in Physics*, 77(6), p. 062001.

Stern Nicolas (2016), « Economics: Current Climate Models Are Grossly Misleading », *Nature*, 530 (7591), p. 407-409.

foresee-thecrisis)

Reinhard Werner (2015), « The Focus on Bibliometrics Makes Paper Less Useful », *Nature*, 517. (https://www.nature.com/news/polopoly_fs/1.16706!/menu/main/topColumns/topLeftColumn/pdf/517245a.pdf).

Reinhart Carmen et Kenneth Rogof (2009), *This Time is Different: Eight Centuries of Financial Folly*, Princeton and Oxford, Princeton University Press. 村井章子訳『国家は破綻する』日経 BP 社，2011 年.

Renault Matthieu (2016), *Malinvaud entre science et action. Chronique d'une macroéconomie en transition*, thèse Université de Paris 13, décembre.

*Revue de l'OFCE* (2018), *Où va l'économie ?*, 153, janvier.

Robinson Joan (1974), « History Versus Equilibrium », *Thames Papers in Political Economy* [Rééd. dans J. Robinson, *Collected Economic Papers*, vol. V, Oxford, Basil and Blackwell, 1979].

Rodrik Dani (2017), *Peut-on faire confiance aux économistes ? Réussites et échecs de la science économique*, Louvain-la-Neuve, De Boeck.

Romer Paul (1986), « Increasing Returns and Long Run Growth », *Journal of Political Economy*, 94(5), October, p. 1002-1037.

—— (2015), « Mathiness in the Theory of Economic Growth », *American Economic Review*, 105, p. 89-93.

—— (2016), « The Trouble with Macroeconomics », Conference "Commons Memorial Lecture of the Omicron Delta Epsilon Society", January 5. (https://paulromer.net/the-trouble-with-macro/WP-Trouble.pdf).

Salter William (1960), *Productivity and Technical Change*, Cambridge, Cambridge University Press. 黒澤一清訳『生産性と技術進歩』好学社，1969 年.

Samuelson Paul A. (1947), *Foundations of Economic Analysis*, Harvard, Harvard University Press [traduction française : *Les fondements de l'analyse économique*, Paris, Dunod, 1971]. 佐藤隆三訳『経済分析の基礎』勁草書房，1986 年.

—— (1958), « An Exact Consumption-Loan Model of Interest with or without the Social Contrivance of Money », *Journal of Political Economy*, 66, p. 467-482.

—— (1962), « Parable and Realism in Capital Theory: The Surrogate Production Function », *Review of Economic Studies*, 29, p. 193-206.

Sanderson Allen (2009), « Market Madness Tournament », October 6. (http://uchiblogo.uchicago.edu/archives/2009/10/market_madness_4.html).

Sargent Thomas J. (1979), *Macroeconomic Theory*, New York, Academic Press.

Schumpeter Joseph A. (1954), *History of Economic Analysis*, London, Routledge. 東畑精一／福岡正夫訳『経済分析の歴史』上・中・下，岩波書店，2005-2006 年.

Semmler Willie (2004), « Alternative Programmes, Renewing Macroeconomics »,

*économique,* Paris, Gallimard.

Morgan Mary S. (1992), « Competing Notions of "Competition" in Late-Nineteenth Century American Economics », *LSE Working Papers in Economic History*, 1.

Muth John (1961), « Rational Expectations and the Theory of Price Movements », *Econometrica*, 29(3), July, p. 315-335.

Napoletano Mauro (2018), « Les modèles multi-agents et leurs conséquences pour l'analyse macroéconomique », *Revue de l'OFCE*, 153, p. 289-316.

Nash John (1951), « Non-Cooperative Games », *The Annals of Mathematics*, 54(2), p. 286-295.

Nelson Richard et Sidney Winter (1982), *An Evolutionary Theory of Economic Change*, Harvard, Belknap Press. 後藤晃／角南篤／田中辰雄訳『経済変動の進化理論』慶應義塾大学出版会，2007 年.

Nordhaus William (1994), *Managing the Global Commons: The Economics of Climate Change*, Cambridge, MIT Press. 室田泰弘／山下ゆかり／高瀬香絵訳『地球温暖化の経済学』東洋経済新報社，2002 年.

North Douglass C. (1990), *Institutions, Institutional Change and Economic Performance,* Cambridge, Cambridge University Press. 竹下公視訳『制度・制度変化・経済成果』晃洋書房，1994 年.

OCDE (2020), *Perspectives économiques de l'OCDE*, Rapport intermédiaire Coronavirus: l'économie mondiale menacée, 2 mars.

OFCE (2020), « Evaluation au 30 mars de l'impact économique de la pandémie de Covid-19 et des mesures de confinement en France », *Policy Brief*, 65, 30 mars.

Orléan André (1990), « Le rôle des influences interpersonnelles dans la détermination des cours boursiers », *Revue économique*, 41-5, p. 839-868.

—— (2011), « Pour une approche unidisciplinaire des sciences sociales », *Apses-Info*, février, p. 10.

Ostrom Elinor et Xavier Basurto (2011), « Crafting Analytical Tools to Study Institutional Change », *Journal of Institutional Economics*, 7(3), p. 317-343.

Pichler Anton, Marco Pangallo, R. Maria del Rio-Chanona, Francois Lafond et Doyne J. Farmer (2020), « Production Networks and Epidemic Spreading: How to Restart the UK Economy? », May 22. (https://arxiv.org/abs/2005.10585).

Piketty Thomas (2013), *Le capital au XXI$^{e}$ siècle*, Paris, Seuil. 山形浩生／守岡桜／森本正史訳『21 世紀の資本』みすず書房，2014 年.

Plott Charles R. et Vernon L. Smith (dir.) (2008), *Handbook of Experimental Economics Results*, Paris, Elsevier.

Rajan Raghuram G. (2011), « Why Did Economists Not Foresee the Crisis? », Project Syndicate. (https://www.project-syndicate.org/commentary/why-did-economists-not-

Lowenstein Roger (2000), *When Genius Failed: The Rise and Fall of Long-Term Capital Management*, New York, Random House. 東江一紀／瑞穂のりこ訳『天才たちの誤算――ドキュメント LTCM 破綻』日本経済新聞社，2001 年.

Lucas Robert (1981), *Studies in Business-Cycle Theory*, Cambridge, MIT Press.

MacKenzie Donald (2006), *An Engine, Not a Camera: How Financial Models Shape Markets,* Cambridge, MIT Press.

Malinvaud Edmond (1990), « Propos de circonstance sur les orientations de la discipline économique », *Annales E.S.C.*, 1, janvier-février, p. 115-122.

Mandelbrot Benoît (2004), *The (Mis) Behaviour of Markets*, London, Profile Books. 高安秀樹監訳『禁断の市場』東洋経済新報社, 2008 年〔Richard Hudson との共著〕.

Mankiw N. Gregory (2006), « Why Aspiring Economists Need Math ». (gregmankiw.blogspot.com/2006/09/why-aspiring-economists-need-math.html)

—— (2020), « A Skeptic's Guide to Modern Monetary Theory », *AEA Papers and Proceedings*, 110, p. 141-144.

Marglin Stephen (2014), *L'économie, une idéologie qui ruine la société*, Vilaines-sur-Seine, Éditions du Croquant.

Mauduit Laurent (2012), *Les imposteurs de l'économie*, Paris, Jean-Claude Gawsewitch.

McCloskey Donald N. (2012), *If you're so Smart, Why ain't You Rich? The Economic Expertise*, Chicago, The University of Chicago Press.

Meadows Donella et Jorgen Randers (2012), *Les limites de la croissance dans un monde fini* [1972], Paris, Rue de l'échiquier. 枝廣淳子訳『成長の限界』ダイヤモンド社, 2005 年.

Ménard Claude et Mary Shirley (2018), *A Research Agenda for New Institutional Economics*, Cheltenham, Edward Elgar.

Milanovic Branko (2019), *Inégalités mondiales*, Paris, La Découverte. 立木勝訳『大不平等』みすず書房，2017 年.

Milgrom Paul et John Robert (1990), « The Economics of Modern Manufacturing: Technology, Strategy, and Organization », *The American Economic Review*, 80, June, p. 511-528.

Minford Patrick (2009), « The Banking Crisis: A Rational Interpretation », CESifo Economic Conference on « What's Wrong with Modern Macroeconomies », Munich, November 6-7.

Minsky Hyman P. (2008), *Stabilizing an Unstable Economy*, New York, McGraw Hill. 吉野紀／浅田統一郎／内田和男訳『金融不安定性の経済学』多賀出版, 1989 年.

Mirowski Philip (1989), *More Heat than Light: Economics as Social Physics, Physics as Nature's Economics*, Cambridge, Cambridge University Press.

Mistral Jacques (2019), *La science de la richesse: Essai sur la construction de la pensée*

Jensen Pablo (2018), *Pourquoi la société ne se laisse pas mettre en équations*, Paris, Seuil.

Jordà Òscar, Sanjay R. Singh et Alan M. Taylor (2020), « Longer-run Economic Consequences of Pandemics », CEPR. (https://www.nber.org/system/files/working_papers/w26934.pdf)

Kay John et Mervin King (2020), *Radical Uncertainty: Decision Making for an Unknowable Future*, London, The Bridge Street Press.

Keynes John Maynard (1924), « Alfred Marshall, 1842-1924 », *The Economic Journal*, 34(135), p. 311-372. 大野忠男訳「アルフレッド・マーシャル」『ケインズ全集』第 10 巻，東洋経済新報社，1980 年，所収.

—— (1936), *General Theory of Employment, Interest and Money*, London, Palgrave Macmillan. 間宮陽介訳『雇用，利子および貨幣の一般理論』上・下，岩波文庫，2008 年.

Kirman Alan (1992), « Whom or What Does the Representative Individual Represent? », *Journal of Economic Perspectives*, 6(2), p. 117-136.

Klein Lawrence et Arthur Goldberger (1955), *An Econometric Model of the United States, 1929-52*, Amsterdam, North Holland.

Krugman Paul (1990), *Rethinking International Trade*, Cambridge, MIT Press. 高中公男訳『国際貿易の理論』文眞堂，2001 年.

—— (2009), « Why Did Economists Get it so Wrong? », *The New York Times*, September 2.

—— (2011), « The Profession and the Crisis », *Eastern Economic Journal*, 37(3), p. 307-312.

—— (2020), « Sympathy for the Epidemiologists », *New York Times*, May 5.

Kydland Finn et Edward Prescott (1982), « Time to Build and Aggregate Fluctuations », *Econometrica*, 50, 1345-1370.

Labrousse Agnès (2010), « Nouvelle économie du développement et essais cliniques randomisés: Une mise en perspective d'un outil de preuve et de gouvernement », *Revue de la régulation*, 1er semestre/Spring. (http://regulation.revues.org/7818).

Lazear Edward P. (1995), *Personnel Economics*, Cambridge, MIT Press.

Lebaron Frédéric (2000), *La Croyance économique: Les économistes entre science et politique*, Paris, Seuil.

Leijonhufvud Axel (1968), *On Keynesian Economics and the Economics of Keynes*, New York, Oxford University Press. 日本銀行ケインズ研究会訳『ケインジアンの経済学とケインズの経済学』東洋経済新報社，1978 年.

Lesourne Jacques (1991), *Economie de l'ordre et du désordre*, Paris, Economica.

Lordon Frédéric (1979), « Endogeneous Structural Change and Crisis in a Multiple Time-Scales Growth Model », *Journal of Evolutionary Economics*, 7(1), p. 1-21.

Macroeconomics », *Staff Working Paper*, 696, Bank of England, November.

Hamermesh Daniel S. (2012), « Six Decades of Top Economics Publishing: Who and How? », *NBER Working Paper*, 18635 [repris dans *Journal of Economic Literature*, 51(1), 2013, p. 162-172].

Harcourt G. Collin (1972), *Some Cambridge Controversies in the Theory of Capital*, London, Cambridge University Press. 神谷伝造訳『ケムブリッジ資本論争』日本経済評論社，1980 年.

Hayek (von) Fredrich (1945), « The Use of Knowledge in Society », *American Economic Review*, 25 (4), p. 519-530. 嘉治元郎／嘉治佐代訳「社会における知識の利用」『ハイエク全集』第 I –3 巻，春秋社，1990 年［新版 2008 年］，所収.

Heckman James et Richard Robb (1985), « Alternative Methods for Evaluating the Impact of Interventions: An Overview », *Journal of Econometrics*, 30, p. 239-267.

Heckman James et Sidharth Moktan (2019), « Publishing and Promotion in Economics: The Tyranny of the Top Five », *NBER Working Paper*, 25093.

Heilbroner Robert L. (1988), « Capitalism », *New Palgrave Dictionary*, London, MacMillan, p. 347-353.

Hempel Carl G. (1984), *Methodology of Science: Descriptive and Prescriptive Facets*, Tel Aviv University.

Hendry David F. et Jurgen Doornik (1999), « The Impact of Computational Tools on Time-series Econometrics », dans Terry Coppock (dir.) *Information Technology and Scholarship*, Oxford, Oxford University Press, p. 257-269.

Heyer Eric et Xavier Timbeau (2020), « Evaluation de l'impact économique de la pandémie de COVID-19 et des mesures de confinement sur l'économie mondiale en Avril 2020 », *Policy Brief*, 69, 5 juin. (https://www.ofce.sciences-po.fr/pdf/pbrief/2020/OFCEpbrief69.pdf)

Hildenbrand Werner (2014), *Market Demand: Theory and Empirical Evidence*, Oxford, Princeton University Press.

Hollingsworth Rogers et Robert Boyer (dir.) (2008), *Contemporary Capitalism: The Embeddedness of Institutions*, Cambridge, Cambridge University Press.

IMF (2020), « Policy Response to covid-19 », July 31. (https://www.imf.org/en/Topics/imf-and-covid19/Policy-Responses-to-Covid-19).

Ingrao Bruna et Giorgio Israel (1990), *The Invisible Hand. Economic Equilibrium in the History of Science*, Cambridge, The MIT Press.

Ireland Peter (2004), « Technology Shocks in the New Keynesian Model », *Working Paper*, 10309, February. (http://www.nber.org/papers/w10309)

Jany-Catrice Florence et André Orléan (2018), « L'Économie du XXI[e] siècle », *La Vie des Idées*, 9 novembre, p. 1-26.

- *économie*, Paris, Sang de la Terre, 2006, p. 63-84]. 高橋正立ほか訳『エントロピー法則と経済過程』みすず書房，1993 年.

Giraud Gaël (2014), *L'illusion financière*, Paris, Les Éditions de l'Atelier.

Godechot Olivier (2013), « Concurrence et coopération sur les marchés financiers. Les apports des études sociales de la finance », dans Philippe Steiner et François Vatin (dir.) *Traité de sociologie économique*, Paris, PUF, p. 635-670.

—— (2016), « L'Alsace-Moselle peut-elle décider des 35 heures ? », Commentaires sur l'article de Matthieu Chemin et Etienne Wasmer, *Journal of Labor Economics*, 2009. (https://ideasrepec.org/p/spo/wpmain/infoldl2441-1freuveeiq88ihrgdn-s5aoi4glg.html#:~:text=L'article%20Chemin%20et,m%C3%A9tropole%20car%20elle%20a%20).

Goodwin Richard (1951), « The Nonlinear Accelerator and the Persistence of Business Cycles », *Econometrica*, 19(1), p. 1-17.

—— (1967), « A Growth Cycle », dans Charles H. Feinstein (dir.), *Socialism, Capitalism and Economic Growth*, Cambridge, Cambridge University Press, p. 54-59. 水田洋ほか訳『社会主義・資本主義と経済成長――モーリス・ドッブ退官記念論文集』筑摩書房，1969 年.

Grandmont Jean-Michel (1985), « On Endogenous Competitive Business Cycles », *Econometrica: Journal of the Econometric Society*, p. 995-1045.

—— (1991), « Transformation of the Commodity Space, Behavioral Heterogeneity and the Aggregation Problem », *CEPREMAP Working Papers* (Couverture Orange), 9114.

Granger Clive (1969), « Investigating Causal Relations by Econometric Models and Cross Spectral Methods », *Econometrica*, p. 424-438.

—— (1980), « Testing for Causality: A Personal Viewpoint », *Journal of Economic Dynamics and Control*, p. 329-352.

Greif Avner (2006), *Institutions and the Path to the Modern Economy: Lessons from Medieval Trade*, Cambridge, Cambridge University Press. 岡崎哲二／神取道弘監訳『比較歴史制度分析』筑摩書房，2021 年.

Gualdi Stanislao, Marco Tarzia, Francesco Zamponi et Jean-Philippe Bouchaud (2015), « Tipping Points in Macroeconomic Agent-based Models », *Journal of Economic Dynamics and Control*, 50, p. 29-61.

Haas Peter M. (1992), « Epistemic Communities and International Policy Coordination », *International Organization*, 46(1), p. 1-35.

Hahn Frank H. (1973), « The Winter of our Discontent », *Economica*, 40(159), p. 322-330.

Haldane Andrew G. et Arthur E. Turrell (2017), « An Interdisciplinary Model for

Dosi Giovanni (2014), *Economic Organization, Industrial Dynamics and Development: Selected Essays*, Cheltenham, Edward Elgar.

Dosi Giovanni, Mauro Napoletano, Andrea Roventini et Tania Treibich (2017), « Micro and Macro Policies in the Keynes + Schumpeter Evolutionary Models », *Journal of Evolutionary Economics*, 27(1), p. 63-90.

Dosi Giovanni, Marcello C. Pereira, Andrea Roventini et Maria Enrica Virgillito (2018), « Causes et conséquences de l'hystérésis: demande globale, productivité et emploi », *Industrial and Corporate Change*, 27(6), décembre, p. 1015-1044.

Ducos Philippe et François Lecointe (1990), « Effets d'hystérésis sur le commerce extérieur américain », *Économie et prévision*, 94-95, p. 79-93.

Duflo Ester et Abhijit Banerjee (dir.) (2017), *Handbook of Field Experiments*, Amsterdam, North Holland.

Dupuy Jean-Pierre (1991), « Le temps du projet, le temps historique », dans Robert Boyer, Bernard Chavance et Olivier Godard, *Les figures de l'irréversibilité en économie*, Paris, Editions de l'EHESS.

Durkheim Emile (2007), *De la division du travail social* [1893], Paris, PUF. 田原音和訳『社会分業論』青木書店，1971 年.

Fisher Irving (1933), « The Debt-Deflation Theory of Great Depressions », *Econometrica*, 1(4), p. 337-357.

Fleury Jean-Baptiste (2010), « The Evolving Notion of Relevance: An Historical Perspective to the 'Economics-Made-Fun' Movement », *Journal of Economic Methodology*, 19(3), p. 303-319.

Fourcade Marion (2006), « The Construction of a Global Profession: The Transnationalization of Economics », *American Journal of Sociology*, 112(1), July, p. 145-194.

—— (2010), *Economists and Societies: Discipline and Profession in the United States, Great Britain and France*, Princeton, Princeton University Press.

Fourcade Marion et Rakesh Khurana (2013), « From Social Control to Financial Economics: The Linked Ecologies of Economics and Business in Twentieth Century America », *Theory and Society*, 42, p. 121-159.

Fourcade Marion, Etienne Ollion et Yann Algan (2015), « The Superiority of Economists », *Journal of Economic Perspectives*, 29 (1), p. 89-114.

Frank Robert H., Thomas Gilovich et Dennis T. Regan (1993), « Does Studying Economics Inhibit Cooperation? », *Journal of Economic Perspectives*, 7(2), p. 159-171.

Friedson Eliot (1986), *Professional Powers*, Chicago, Chicago University Press.

Georgescu-Roegen Nicholas (1971), *The Entropy Law and the Economic Process*. [Traduction du chapitre 1 en français dans id. (dir.) *La décroissance - entropie - écologie*

id., *The Laws of the Markets*, Oxford, Blackwell, p. 1-57.

Card David et Stefano DellaVigna (2013), « Nine Facts about Top Journals in Economics », *Journal of Economic Literature*, 51 (1), p. 144-161.

Carlin Wendy (2020), « Covid-19 Is Resetting the Way We Talk about the Economy. The Twin Crises of Climate Change and the Pandemic Provide an Opportunity to Transform Thinking », *Financial Times*, April 25, (https://www.ft.com/content/cb827cea-849d-11ea-b6e9-a94cffd1d9bf).

Cass David, Yves Balasko et Karl Shell (1980), « Existence of Competitive Equilibrium in a General Overlapping-Generations Model », *Journal of Economic Theory*, 23, p. 307-322.

CEPR (2000), « Covid Economics », *Vetted and Real Time Papers*, London, CEPR Press.

Chatelain Jean-Bernard et Kirsten Ralfz (2018), « Publish and Perish: Creative Destruction and Macroeconomic Theory », *PSE Working Paper*, 2018-08. (https://halshs.archives-ouvertes.fr/halshs-01720655).

Clower Robert (1967), « A Reconsideration of the Microfoundations of Monetary Theory », *Western Economic Journal*, 6(1), p. 1-8.

Cohen Daniel (1987), *Monnaie, richesse et dette des nations*, Paris, Éditions du CNRS.

Colucci Michel (1995), *Pensées et anecdotes*, Paris, Cherche Midi. [repris dans Jean-Pierre Boyer, *12923 citations pour aiguiser l'esprit critique*, Québec, Ecosociété Editions, 2018].

Core (2019), *Economie en accès libre et destiné aux étudiants d'un cours d'introduction à l'économie* ... (https://core-econ.org/the-economy/?lang=fr).

Cowles Commission (1952), *Economic Theory and Measurement: A Twenty Year Research Report, 1932-1952,* (http://cowles.econ.yale.edu/P/reports/1932-52.htm).

David Paul (1988), « Path-Dependence: Putting the Past in the Future of Economics », *IMSSS Technical Report*, 533, Stanford University.

—— (2002), « Cooperation, Creativity and the Closure in Scientific Research Networks », dans Jean-Philippe Touffut (dir.), *Innovation and Growth*, Cheltenham, Edward Elgar.

Debreu Gérard (1954), *Théorie de la valeur*, Paris, Dunod. 丸山徹訳『価値の理論』東洋経済新報社，1977 年.

De Grauwe P. (2010), « Top-down versus Bottom-up Macroeconomics », *CESifo Economic Studies*, 56(4), p. 465-497.

De Vroey Michel (2016), *A History of Macroeconomics from Keynes to Lucas and beyond*, Cambridge, Cambridge University Press.

Domar Evsey (1957), *Essays in the Theory of Economic Growth*, Oxford, Oxford University Press. 宇野健吾訳『経済成長の理論』東洋経済新報社，1959 年.

田鋭夫／坂口明義／原田裕治監訳『金融資本主義の崩壊』藤原書店，2011 年.
—— (2012), « La discipline économique des années trente à nos jours. D'un espoir prométhéen à une dramatique révision », *Le Débat*, 169, p. 148-166.
—— (2013), « Les crises financières comme conflit de temporalités », *Vingtième siècle. Revue d'histoire*, 117, janvier-mars, p. 69-88.
—— (2015), *Economie politique des capitalismes*, Paris, La Découverte. 原田裕治訳『資本主義の政治経済学』藤原書店，2019 年.
—— (2017), « Orthodoxie, hétérodoxies et capitalismes contemporains », *Revue de la régulation*, 22. (http://journals.openedition.org/regulation/12626; DOI: 10.4000/regulation.12626).
—— (2019), « La nouvelle économie institutionnelle: Anything goes? », *Revue de la régulation*, 25. (https://journals.openedition.org/regulation/15020).
—— (2020a), *Les capitalismes à l'épreuve de la pandémie*, Paris, La Découverte. 山田鋭夫／平野泰朗訳『パンデミックは資本主義をどう変えるか』藤原書店，2021 年.
—— (2020b), « Le Coronavirus, analyseur de l'économie et de la société états-unienne », avril. (https://covidam.institutdesameriques.fr/le-coronavirus-analyseur-de-leconomie-et-de-la-societe-etats-unienne).
Boyer Robert, Bernard Chavance et Olivier Godard (1991), *Les figures de l'irréversibilité en économie*, Paris, Editions de l'EHESS.
Boyer Robert et Yves Saillard (dir.) (1995), *Théorie de la régulation. L'état des savoirs*, Paris, La Découverte.
Bresser-Pereira Luiz Carlos (2018), « Historical Models and Economic Syllogisms », *Journal of Economic Methodology*, 25(1), p. 68-82.
British Academy (2009), *Letter to Her Majesty the Queen*, July 22.
Brock William A. et Steven N. Durlauf (1999), « A Formal Model of Theory Choice in Science », *Economic Theory*, 14 (1), p. 113-130.
Buchanan James et Peter N. Smith (2016), « Debating What's Wrong with Macroeconomics », *Bloomberg View*, November. (https://www.bloomberg.com/opinion/articles/2016-11-28/debating-what-s-wrong-with-macroeconomics)
Burns Arthur et Wesley C. Mitchell (1946), *Measuring Business Cycles*, NBER, NBER Book Series Studies in Business Cycles.
Caballero Ricardo J. (2010), « Macroeconomics after the Crisis: Time to Deal with the Pretense of Knowledge Syndrome », *The Journal of Economic Perspectives*, 24(4), Fall, p. 85-102.
Callon Michel (1998), « The Embeddedness of Economic Markets in Economics », dans

Bernstein Michael A. (2008), « A Brief History of the American Economic Association », *The American Journal of Economics and Sociology*, 67(5), November, p. 1007-1024.

Berthoud Arnaud, Bernard Delmas et Thierry Demals (dir.) (2007), *Y a-t-il des lois en économie ?*, Villeneuve d'Ascq, Presses Universitaire du Septentrion.

Besley Thim et Peter Hennessy (2009), *Letter of the British Academy to her Majesty the Queen*, July 22.

Black Fischer et Myron S. Scholes (1973), « The Pricing of Options and Corporate Liabilities », *Journal of Political Economy*, 81(3), May/June, p. 637-654.

Blanchard Olivier (2009), « The State of Macro », *Annual Review of Economics*, 1(1): 209-228.

—— (2017), « On the Need for (At Least) Five Classes of Macro Models », PIIE. (https://www.piie.com/blogs/realtime-economic-issues-watch/need-least-five-classes-macro-models)

—— (2018), « Sur les modèles macroéconomiques », *Revue de l'OFCE*, 153, p. 317-325.

Blanchard Olivier, Thomas Philippon et Jean Pisani-Ferry (2020), « Une nouvelle boîte à outils politique est nécessaire à mesure que les pays quittent les blocages ». (www.piie.com/publications/policy-briefs/new-policy-toolkit-needed-countries-exit-covid-19-lockdowns).

Blau Francine D. (2006), « Report of the Committee on the Status of Women in the Economics Profession », *American Economic Review*, 96(2), p. 519-526.

Blaug Mark (1998), *Histoire de la pensée*, Paris, Economica.

Blinder Alan (2000), « Life Imitates Art: How the Economy Came to Resemble the Model », *Business Economics*, January, p. 16-25.

Bousquet Marc (2017), *50 théories économiques*, Paris, ESI Savoirs.

Boyer Robert (1976) « La croissance française de l'après-guerre et les modèles macroéconomiques », *Revue économique*, 27(5), p. 882-939.

—— (1992), « La crise de la macroéconomie, une conséquence de la méconnaissance des institutions ? », *L'Aactualité économique*, 68(1 et 2), mars-juin, p. 43-68.

—— (1998), « De 'La Théorie Générale' à la Nouvelle Economie Classique: Une réflexion sur la nouveauté en macroéconomie », *Cahiers d'économie politique*, 33, p. 7-56.

—— (2001), « L'économiste face aux innovations qui font époque: Les relations entre histoire et théorie », *Revue économique*, 52(5), p. 1065-1115.

—— (2007), « Peut-on mettre en évidence des lois en économie ? », *PSE Working Papers*, 44, (https://hal.archives-ouvertes.fr/halshs-00587700/document).

—— (2011), *Les financiers détruiront-ils le capitalisme ?*, Paris, Economica.［参考］山

Artus Patrick (2020a), « L'expansion monétaire ne fait que commencer », *Le Monde*, 18 juillet.

—— (2020b), *40 ans d'austérité salariale. Comment en sortir ?*, Paris, Odile Jacob.

Atkinson Anthony (2015), *Inequality: What Can Be Done?*, Cambridge, Harvard University Press. 山形浩生／森本正史訳『21 世紀の不平等』東洋経済新報社，2015 年．

Auray Stéphane et Aurélien Eyquem (2020), « Les effets macroéconomiques du confinement: Quels enseignements d'un modèle à agents hétérogènes », *Blog OFCE*, 30 avril. (https://www.ofce.sciences-po.fr/blog/les-effets-macroeconomiques-du-confinement-quels-enseignements-de-modeles-a-agents-heterogenes)

Autisme-économie (2020a), « Is There a Problem with Mathematics? ». (http://www.autisme-economie.org/article144.html).

—— (2020b), « Open Letter from Economic Students to Professors and Others Responsible for the Teaching of This Discipline », June 17. (http://www.autisme-economie.org/article142.html)

Autume (D') Antoine et Jean Cartelier (dir.) (1995), *L'Économie devient-elle une science dure ?*, Paris, Economica.

Baccaro Lucio et Jonas Pontusson (2018), « Comparative Political Economy and Varieties of Macroeconomics », *MPIfG Discussion Paper*, 18/10, Max Planck Institute for the Study of Societies, Cologne.

Backhouse Roger et Andrea Salanti (dir.) (2000), *Macroeconomics and the Real World*. 2 volumes, Oxford: Oxford University Press.

Backhouse Roger et Béatrice Cherrier (2016), « Becoming Applied: The Transformation of Economics after 1970 », *Department of Economics Discussion Paper*, 14-11, University of Birmingham.

Barro Robert J. et Herschel I. Grossman (1971), « A General Disequilibrium Model of Income and Employment », *The American Economic Review*, 61(1), March, p. 82-93.

Bassi Frederico (2016), *Endogenous Business Cycles and Hysteresis. A Post-Keynesian, Agent-Based Approach. Economics and Finance*, Università degli Studi di Roma « La Sapienza », Mémoire, Université Paris 13/ Sorbonne Paris-Cité.

Baumol William (1982), « Contestable Markets: An Uprising in the Theory of Industry Structure », *American Economic Review*, 72(1), p. 1-15.

Beckert Jens et Richard Bronk (2018), *Uncertain Futures: Imaginaries, Narratives, and Calculation in the Economy*, Oxford, Oxford University Press.

Bénassy Jean-Pascal (1984), *Macroéconomie et théorie du déséquilibre*, Paris, Dunod.

Bernanke Ben S. (2010), « Implications of the Financial Crisis for Economics », Speech at the conference co-sponsored by the Center for Economic Policy Studies and the Bendheim Center for Finance, Princeton, New Jersey, September 24.

# 参考文献

＊表題の人名は，筆頭の著編者については姓・名の順で，それ以外は名・姓の順で表記した（訳者）.


Abbott Andrew (2001), *Chaos of Disciplines*, Chicago, University of Chicago Press.

—— (2014), *The System of Professions: An Essay on the Division of Expert Labor*, Chicago, University of Chicago Press.

Aglietta Michel (2018), « Finance et macroéconomie: la prépondérance du cycle financier », *Revue de l'OFCE*, 153, p. 221-51.

Akerlof George (1970), « The Market for 'Lemons': Quality Uncertainty and the Market Mechanism », *Quarterly Journal of Economics*, 84 (3), p. 488-500.

—— (1982), « Labor Contracts as Partial Gift Exchange », *Quarterly Journal of Economics*, 97(4), November, p. 543-569.

—— (2018), « Sins of Omission and the Practice of Economics ». (https://assets.aeaweb.org/asset-server/files/9185.pdf).

Akerlof George A. et Pascal Michaillat (2018), « Persistence of False Paradigms in Low-Power Sciences », *Proceedings of the National Academy of Sciences*, 115 (52), p. 13228-13233.

Allegre Guillaume (2011), « La jeunesse, génération sacrifiée? », *Les notes du blog*, OFCE, p. 1-12.

Amable Bruno, Robert Boyer et Frédéric Lordon (1995), « L'ad hoc en économie: La paille et la poutre », dans Autume (D') et Cartelier (1995), p. 267-290.

Anderson Chris (2008), « The End of Theory: The Data », *Science*. (https://www.wired.com/2008/06/pb-theory/)

Aoki Masahiko (2006), *Fondements d'une analyse institutionnelle comparée*, Paris, Albin Michel. 瀧澤弘和／谷口和弘訳『比較制度分析に向けて』NTT 出版, 2003 年.

Aoki Masanao (2004), *Modeling Aggregate Behavior and Fluctuations in Economics*, Cambridge, Cambridge University Press. 青山英明／藤原義久監訳『経済における確率的モデルへの招待』サイエンス社, 2004 年.

Arestis Philip, Gabriel Palma et Malcolm Sawyer (dir.) (2005), *Capital Controversy, Post Keynesian Economics and the History of Economic Thought: Essays in Honour of Geoff Harcourt*, London, Routledge.

Arthur Brian W. (1994), *Increasing Returns and Path Dependence in the Economy*, An Arbor, Michigan University Press. 有賀裕二訳『収穫逓増と経路依存』多賀出版, 2005 年.

# 図表一覧

## や　行



## ら　行

## さ行

# 事項索引

# 人名索引

＊人名・事項索引を通じて，採録した項目およびページ指示は原著索引のそれらに従うことを原則とした．（訳者）

## 著者紹介

ロベール・ボワイエ（Robert Boyer）

1943年生。パリ理工科大学校（エコール・ポリテクニック）卒業。数理経済計画予測研究所（CEPREMAP）および国立科学研究所（CNRS）教授、ならびに社会科学高等研究院（EHESS）研究部長を経て、現在は米州研究所（パリ）エコノミスト。

著書に『レギュラシオン理論』『入門・レギュラシオン』『第二の大転換』『現代「経済学」批判宣言』『世界恐慌』、〈レギュラシオン・コレクション〉『1 危機——資本主義』『2 転換——社会主義』『3 ラポール・サラリアール』『4 国際レジームの再編』（共編著）、『資本主義 vs 資本主義』『ニュー・エコノミーの研究』『金融資本主義の崩壊』『ユーロ危機』『作られた不平等』『資本主義の政治経済学』『パンデミックは資本主義をどう変えるか』（以上いずれも藤原書店）『レギュラシオン』（ミネルヴァ書房）などがある。

## 訳者紹介

**山田鋭夫**（やまだ・としお）

1942 年愛知県生。1969 年名古屋大学大学院経済学研究科博士課程単位取得退学。名古屋大学名誉教授。専攻は理論経済学・現代資本主義論・市民社会論。著書に『経済学批判の近代像』（有斐閣，1985 年），『レギュラシオン・アプローチ』（藤原書店，1991 年;増補新版 1994 年），『レギュラシオン理論』（講談社現代新書，1993 年），『20 世紀資本主義』（有斐閣，1994 年），『さまざまな資本主義』（藤原書店, 2008年）, *Contemporary Capitalism and Civil Society* (Springer, 2018)，『内田義彦の学問』（藤原書店，2020 年），『ウェルビーイングの経済』（藤原書店，2022 年），*Civil Society and Social Science in Yoshihiko Uchida* (Springer, 2022) など。

**経済学《けいざいがく》の認識論《にんしきろん》——理論《りろん》は歴史《れきし》の娘《むすめ》である**

2022年 9月30日　初版第 1 刷発行©

訳　者　山　田　鋭　夫
発行者　藤　原　良　雄
発行所　株式会社　藤　原　書　店

〒 162-0041　東京都新宿区早稲田鶴巻町 523
電　話　03（5272）0301
FAX　03（5272）0450
振　替　00160 - 4 - 17013
info@fujiwara-shoten.co.jp

印刷・製本　精文堂印刷

落丁本・乱丁本はお取替えいたします
定価はカバーに表示してあります
Printed in Japan
ISBN978-4-86578-359-9

新しい経済学、最高の入門書

## 入門・レギュラシオン

〈経済学／歴史学／社会主義／日本〉

R・ボワイエ
山田鋭夫・井上泰夫編訳

マルクスの歴史認識とケインズの制度感覚の交点に立ち、アナール派の精神を継承、ブルデューの概念を駆使し、資本主義のみならず、社会主義や南北問題をも解明する、全く新しい経済学＝「レギュラシオン」とは何かを、レギュラシオン派の中心人物が俯瞰。

四六上製　二七二頁　**二一三六円**
（一九九〇年九月刊）
**品切**◇ 978-4-938661-09-0

---

現代資本主義分析の新しい視点

## レギュラシオン理論

〈危機に挑む経済学〉

R・ボワイエ
山田鋭夫訳＝解説

レギュラシオン理論の最重要文献。基本概念、方法、歴史、成果、展望のエッセンス。二〇世紀の思想的成果を結集し、資本主義をその動態性・多様性において捉え、転換期にある世界を、経済・社会・歴史の総体として解読する理論装置を提供する。

四六上製　二八〇頁　**二一三六円**
（一九九〇年九月刊）
**品切**◇ 978-4-938661-10-6

*LA THÉORIE DE LA RÉGULATION*
Robert BOYER

---

危機脱出のシナリオ

## 第二の大転換

〈EC統合下のヨーロッパ経済〉

R・ボワイエ
井上泰夫訳

一九三〇年代の大恐慌を分析したポランニーの名著『大転換』を受け、フォード主義の構造的危機からの脱出を模索する現代を「第二の大転換」の時代と規定。EC主要七か国の社会経済を最新データを駆使して徹底比較分析、危機乗りこえの様々なシナリオを呈示。

四六上製　二八八頁　**二七一八円**
（一九九二年一一月刊）
◇ 978-4-938661-60-1

*LA SECONDE GRANDE TRANSFORMATION*
Robert BOYER

---

現代資本主義の〝解剖学〟

## 現代「経済学」批判宣言

〈制度と歴史の経済学のために〉

R・ボワイエ
井上泰夫訳

混迷を究める現在の経済・社会・政治状況に対して、新古典派が何ひとつ有効な処方箋を示し得ないのはなぜか。マルクス、ケインズ、ポランニーの系譜を引くボワイエが、現実を解明し、真の経済学の誕生を告げる問題作。

A5変並製　二三二頁　**二四〇〇円**
（一九九六年一一月刊）
◇ 978-4-89434-052-7

「金融市場を、公的統制下に置け！」

## 金融資本主義の崩壊
（市場絶対主義を超えて）

R・ボワイエ
山田鋭夫・坂口明義・原田裕治＝監訳

サブプライム危機を、金融主導型成長が導いた必然的な危機だったと位置づけ、"自由な"金融イノベーションの危険性を指摘。公的統制に基づく新しい金融システムと成長モデルを構築する野心作！

A5上製　四四八頁　五五〇〇円
（二〇一一年五月刊）
◇978-4-89434-805-9

*FINANCE ET GLOBALISATION*　Robert BOYER

レギュラシオンの旗手が、独自な分析

## ユーロ危機
（欧州統合の歴史と政策）

R・ボワイエ
山田鋭夫・植村博恭訳

ヨーロッパを代表する経済学者が、ユーロ圏において次々に勃発する諸問題は、根本的な制度的ミスマッチである、と看破。歴史に遡り、真の問題解決を探る。「ユーロ崩壊は唯一のシナリオではない、多様な構図に開かれた未来がある」（ボワイエ）。

四六上製　二〇八頁　二二〇〇円
（二〇一三年二月刊）
◇978-4-89434-900-1

さまざまな不平等レジームの相互依存

## 作られた不平等
（日本、中国、アメリカ、そしてヨーロッパ）

R・ボワイエ
山田鋭夫監修　横田宏樹訳

レギュラシオニストによる初の体系的・歴史的な"日本の不平等分析"も収録、不平等の縮小に向けた政策を世界に提案。ピケティ『21世紀の資本』の不平等論における貢献と限界を示し、不平等論へのレギュラシオン的アプローチの可能性を提示！

四六上製　三二八頁　三〇〇〇円
（二〇一六年九月刊）
◇978-4-86578-087-1

*LA FABRIQUE DES INÉGALITÉS*　Robert BOYER

「レギュラシオン」の基本教科書、遂に誕生！

## 資本主義の政治経済学
（調整と危機の理論）

R・ボワイエ
原田裕治訳　山田鋭夫監修

七〇年代半ば、マルクス主義や新古典派、ケインズ派の衰退の中から、新しい歴史学、社会学、構造主義などとの格闘から誕生した「レギュラシオン」経済学。その旗手による最高の教科書。

A5上製　四四〇頁　五五〇〇円
（二〇一九年八月刊）
◇978-4-86578-238-7

*ÉCONOMIE POLITIQUE DES CAPITALISMES*　Robert BOYER

## 商業主義テレビ批判

# メディア批判

P・ブルデュー
櫻本陽一訳＝解説

ピエール・ブルデュー監修〈シリーズ・社会批判〉第二弾。メディアの視聴率・部数至上主義によって瀕死の状態にある「学術・文化・芸術」を再生させるために必要な科学的分析と実践的行動を具体的に呈示。視聴者・読者は、いま消費者として「メディア批判」をいかになしうるか？

四六変並製　二一六頁　一八〇〇円
（二〇〇〇年七月刊）
◇978-4-89434-188-3

*SUR LA TÉLÉVISION*
Pierre BOURDIEU

## 政治の科学の根本条件

# 政治

〈政治学から「政治界」の科学へ〉

P・ブルデュー
藤本一勇・加藤晴久訳

代理表象のアポリアを見すえ、新自由主義の暴力に対抗するブルデューの公共性思想。『市場独裁主義批判』など、晩年のブルデューが展開した社会運動の理論的背景を示し、最重要概念「界（シャン）」の考え方を明快に説く。

四六上製　一九二頁　二二〇〇円
（二〇〇三年一二月刊）
◇978-4-89434-366-5

*PROPOS SUR LE CHAMP POLITIQUE*
Pierre BOURDIEU

## 市場のルールを決めるのは誰か？

# 住宅市場の社会経済学

P・ブルデュー
山田鋭夫・渡辺純子訳

住宅市場の現場に分け入り、そこに働く重層的なメカニズム――経済政策、建築基準等の法規制、官僚・自治体・業界団体の介入、企業戦略と消費者の欲求――を徹底分析！　人間社会における経済行為の原理を解明した問題作。

A５上製　三三六頁　三八〇〇円
（二〇〇六年二月刊）
◇978-4-89434-503-4

*LES STRUCTURES SOCIALES DE L'ÉCONOMIE*
Pierre BOURDIEU

## リフレクシヴィティーとは何か？

# リフレクシヴ・ソシオロジーへの招待

〈ブルデュー、社会学を語る〉

P・ブルデュー＆L・ヴァカン
水島和則訳

俊英ヴァカンによる、現代社会理論の核心をめぐる質問にブルデュー自身が応答。「反省性」概念を軸に、その社会学の成り立ちと使命を余すところなく語る。

A５上製　四二四頁　四六〇〇円
（二〇〇七年一月刊）
◇978-4-89434-557-7

*RÉPONSES*
Pierre BOURDIEU & Loïc WACQUANT

1989年11月創立　1990年4月創刊

二〇二二年八月一五日発行（毎月一回一五日発行）

月刊
機
2022
8
No. 365

発行所　株式会社 藤原書店©
〒一六二―〇〇四一　東京都新宿区早稲田鶴巻町五二三
電話　〇三・五二七二・〇三〇一（代）
FAX　〇三・五二七二・〇四五〇
◎本冊子表示の価格は消費税込みの価格です。
編集兼発行人
藤原良雄
頒価 100円

『アイヌ神謡集』を遺した知里幸恵の没後百年、記念出版！

# 「新しいアイヌ学」のすすめ

## ――知里幸恵の夢をもとめて――

北海道大学名誉教授
自然地理学
小野有五

知里幸恵（1903-1922）

小社は、一昨年春、宇梶静江さんの自伝『大地よ！』を出版した。この本の出版は、予想をはるかに超える反響が届き、今日までに度重なる増刷を重ねている。東日本大震災時、「大地よ」という詩が、天から降りてきた宇梶さん。この詩に感動した自然地理学者である小野有五さんが、このたび新著『「新しいアイヌ学」のすすめ』を出版される。四半世紀前、知里幸恵のユカラに触れてから、シレトコの世界自然遺産や'08世界先住民サミットにも大きな役割を果たされた小野有五さんの言葉を掲載する。　編集部

● 八月号 目次 ●

## アイヌの人たちとの出会い

二〇二二年は、『アイヌ神謡集』を書き、アイヌであることの誇りと、その語りの文化を伝えてくれた知里幸恵《ちりゆきえ》さんが、一九歳で天に召されて百年目にあたります。アイヌ語やアイヌ文化の専門家でもないひとりの人間が、彼女の残してくれた語りを通じて、明治以降、アイヌの人たちが置かれたすさまじい状況を初めて知り、彼女が夢見た平等な社会の実現をめざして、素人ながら活動するようになって、二五年が過ぎました。

東京で生まれ育ち、東京の大学で地質学を学びましたが、学校教育のなかでは、アイヌ語やアイヌ文化について学んだ記憶がほとんどありません。大学一年生の夏休みに、夕張芦別の炭鉱で地質調査する先輩にくっついて、初めて北海道に来ました。毎日、炭鉱夫の人たちと同じトロッコに乗って坑口まで行き、そこで下ろしてもらって沢に入り、やぶ蚊やダニに刺されながら一カ月、岩を叩きながら過ごしたのです。でも、アイヌの人には出会えませんでした。大学院では五年間、十勝平野と日高山脈に通い、十勝では、原付のバイクであらゆる道を走って火山灰などの調査をしましたが、そこでも、アイヌの人に出会うことはありませんでした。それから何年もたち、縁あって北海道大学に就職し、一九八六年から札幌に住むようになって、偶然、書店で手に取ったのが、一九〇三年生まれの知里幸恵さんの遺稿集です。

今を生きるアイヌの人と初めて会い、お話しできたのは、一九九八年になってからのことでした。その前年、それまで百年近くもあった「**北海道旧土人保護法**」という差別的な法律が廃止になり、新しい法律のもとで、どんな施策を取るべきか、という道庁からの公募に、「アイヌ語地名を平等に併記してください」という要望をしたことがきっかけでした。本書の第1章には、そのことを書きました。この時にお会いした、アイヌの長老（エカシ）のひとりとも言うべき小川隆吉さんとは、それから長くおつきあいすることになりました。

遺稿集を読んで感動させられた幸恵さんのお墓参りをしたいと思い、彼女のふるさと登別に行った時、出会えたのが、幸恵さんの姪御さんにあたる横山（知里）むつみさんです。一九九九年のことでした。幸恵さんの生地に住んでいた彼女が、幸恵さんの記念館をそこに建てたいと考えるようになったことから、その夢を実現しようと、約一〇年間、建設のための募金活動をしました。その過程で、また多くのアイヌの方々と知り合うことにもなりました。第2章には、そのことを書きました。

## 「アイヌエコツアー」

第3章に書いたのは、二〇〇五年、シレトコ（知床）世界自然遺産の問題から始まった活動のことです。「シレトコ」は「大地の先端」、つまりは「岬」というアイヌ語地名です。シレトコ半島の地名は、すべてアイヌ語地名といってもいいくらいですし、そこにはまた、アイヌの人たちに関連する遺跡もたくさんありました。**しかし日本政府は、アイヌの人たちとはいちども協議することなく、ユネスコに世界自然遺産登録の申請をして**いたのです。これは、国際的には大きな問題でした。**偶然そのことを知って、アイヌの人たちにそれを伝え、一緒になって、「知床世界自然遺産」の管理にアイヌの人たちも関われるよう、運動したの**です。

▲小野有五氏
(1948-)

そうしたなかで、アイヌが主体となって、自然や文化をガイドする「アイヌエコツアー」をシレトコでやろう、ということになりました。それを発展させ、札幌でも、アイヌがガイドする「サッポロ・アイヌエコツアー」をつくりました。前述した小川隆吉さんの協力を得ましたが、それによって、先住民族の語りとは何か、歴史とは何か、ということを考えるようになりました。

## 「日本の先住民族」

一九九七年から二〇二二年までの二五年間は、国連による「先住民族の権利宣言」や、「アイヌを日本の先住民族とする」決議の採択がなされるなど、アイヌの人たちにとっても重要な変化があった時期です。**二〇〇七年九月には、国連で、世界中の先住民族の権利を、各国政府が認め尊重することを求めた「先住民族の権利宣言」が採択されました。日本政府もそれに賛成票を投じ、そして翌年六月には、アイヌを「日本の先住民族」と認めたのです。**明治になった途端に次々と奪われていった権利が、ようやくこれで回復されると考えたアイヌの人たちも多かったのではないでしょうか。それで、日本政府に対して、国連の「権利宣言」の速やかな実施を訴えよう、という機運が盛り上がっていました。アイヌの人たちだけではありません。**世界中の先住民族が、それぞれの政府に「権利宣言」の実施を求めていた**のです。二〇〇八年七月には、北海道で「G8サミット（主要国首脳会議）」が開催されることになりました。アイヌの大地（アイヌモシリ）で初めて開催される大きな国際会議です。**世界をリードする主要国の首脳に対して、また議長国である日本政府に向けて、アイヌが主体となって世界の先住民族からの声を「G8」の首脳に伝えよう、という「先住民族サミット」のアイデアが浮かびました。**第4章は、その発端から成功までの経緯を、ドキュメント的に書いたものです。

第5章では、アイヌの歴史について、これまでの考古学者による時代区分を批判し、**アイヌの人たちの側から見た、新しい時代区分の名称を提唱**しました。考古学者は、一二世紀頃から江戸幕府が終わるまでの時期だけを「アイヌ時代」とか「アイヌ文化期」と呼び、北海道の長い歴史において、「アイヌ」はその時期にしかいなかったかのような呼び方を続けているからです。これこそ、学問の名を借りた差別ではないでしょうか。

**北海道と呼ばれるこの島に、最初に人類がやってきたのは、最終氷期の約三万年前です。**それ以後、なんどか、この島には北や南から人々がやってきましたが、そこに住む人間集団が全く入れ替わってしまうようなことは起きませんでした。アイヌ語もまた、時代とともに変化したはずですが、**アイヌ語地名を残したような「古アイヌ語」を使った人間集団は、少なくとも「続縄文文化期」と呼ばれる時期には、すでに北海道に住んでいたことが明らかになりました。**そうであるなら、その始源は、さらに古い時期になると考えるべきではないでしょうか。私の本来の専門である**氷河期からの気候・環境変化の研究や、近年の分子生物学の進歩による古人骨のDNA分析などの助けを借りながら、新たな目で、アイヌの歴史を見直してみました。**

## 知里幸恵さんの祈り

アイヌ語で「アイヌ」とは「人間」のことです。アイヌの人たちがよく言うように、「アイヌネノ アンアイヌ」（人間らしい人間）となることは、単にアイヌの人たちだけの理想ではありません。「和人」も「外人」も、すべての人間にとっての、それは目標といえるでしょう。

そのために私に何ができるか、と考えたとき、これまで、少なからぬ数のアイヌの人たちとやってきた活動を書き残しておくことが、私にできるすべてではないか、と思いました。二五年という時間は、私の人生のほぼ三分の一に当たります。もちろん、私は自分の専門分野の研究も続けていましたから、こうした活動だけをやっていたわけではありません。しかし、それだけの時間を使ったことは確かです。**最初から、私は「アイヌを研究の対象にはしない」と宣言して、アイヌの人たちに関わってきました。**私はただ**「アイヌの権利回復を速やかに実現するにはどうしたらいいか」ということだけを「研究する」という立場を二五年間、貫いてきた**のです。そこでやったことを、ひとりの和人として語りたい、と思いました。

　縁あってふれあうことができたさまざまなアイヌの人たち、そのおひとりおひとりに感じた「アイヌ力《ぢから》」、それが結集されたときに、大きなパワーとなって、「先住民族サミット」は成し遂げられたと思います。**「新しいアイヌ学」は、そのような「アイヌ力《ぢから》」を、さらに強めるものになってほしい**と思います。

　アイヌも、アイヌでない者も、その力を信じ、お互いが心を開いて語り合いたい。アイヌにとっても、そうでない者にとっても、よりよい、平等な社会をつくっていきたい。それは知里幸恵さんが、一九歳で天に召されるまで、つねに彼女の同胞（ウタリ）のために祈っていたことだからです。（本書「はじめに」より抜粋／構成・編集部）

**「新しいアイヌ学」のすすめ**
知里幸恵の夢をもとめて
小野有五
A5判　四四八頁　カラー口絵四頁　三六三〇円

■関連既刊書

**大地よ！**【アイヌの母神、宇梶静江自伝】　■5刷
宇梶静江
アイヌとして生きる女性が、自らの内なるアイヌ、内なる大地を切り拓き、その生涯をかけてアイヌの精神性を問うた軌跡。　二九七〇円

絵本　オールカラー
**シマフクロウとサケ**
［アイヌのカムイユカラ（神謡）より］
宇梶静江　古布絵制作・再話
A4変型上製　三二頁　一九八〇円

DVD
**シマフクロウとサケ**〈藤原映像ライブラリー〉
監督・音楽・構成＝金大偉　古布絵制作＝宇梶静江
第1部　シマフクロウとサケ
第2部　アイヌを生きて――宇梶静江インタビュー
忽ち増刷　二二〇〇円

**「アイヌ新聞」記者 高橋真**
［反骨孤高の新聞人］
合田一道
かつて〝アイヌの新聞〟を自ら作ったアイヌ青年がいた。民族の歴史と課題を痛切に訴える数々の評論を発表し続けた。　二九七〇円

「世界の中の日本」の視点から、立体的かつダイナミックに描く!

# 高校生のための「歴史総合」入門

## ――世界の中の日本・近代史――

ジャーナリスト 浅海伸夫

### 「世界の一体化」と歴史教科書

二〇二〇年から新型コロナウイルスの感染が、瞬く間に国内外に広がり、世界的大流行となりました。それが収まらない二二年には、ロシア軍がウクライナに侵攻し、戦闘の模様が日本の茶の間に直接飛び込み、エネルギーや食料品価格が急騰しました。これらは日本人の身近なところで、「一体化した世界」を強く実感させました。

この「世界の一体化」は、むろん今に始まったことではなく、一五世紀末以降の「大航海の時代」に現われ、近代に入って一層、その歩みを早めました。ところが、我々自身の高校の歴史学習を振り返るとき、この「一体化した世界」の姿かたちをどこまで把握できたでしょうか。そこでは〈世界史〉と〈日本史〉はまったく別物であり、各教科書は、世界と日本の歴史を縦割りで記述し、ほとんど交わるところがありませんでした。つまり〈日本史〉の教科書には「世界」がなく、〈世界史〉の教科書には「日本」が存在しなかったのです。

戦後、いやむしろ戦前から、歴史の授業は、無味乾燥な史実の「暗記」に費やされてきました。この結果、歴史嫌いの若者たちを多数生み出しました。二一世紀に入ると、カタカナ暗記の負担の重さから「〈世界史〉の必修逃れ」が事件になり、「一国史観」に終始する選択科目の〈日本史〉は、履修せずに卒業する生徒が相次ぎました。

加えて以前から、「近現代史」の授業は、学年末になると、疎かにされるのが常でした。戦前の体験談を語れる祖父母世代の〝課外授業〟もなくなりました。これらによって親子とども、「近現代史知らず」が増えています。

昨今、いくらグローバル化が叫ばれようと、これでは、歴史を振り返りつつ、「地球儀」を片手に「今」を考えるような思考は、なかなか育たないでしょう。

## 必修科目「歴史総合」の誕生

しかし、こうした宿弊を抱える歴史教育に対して、歴史・政治・教育学者や日本学術会議などから刷新を求める声が出始め、文部科学省は二〇二二年度から、新たな必修科目として〈歴史総合〉を導入しました。この新科目は、「近現代の歴史の変化に関わる諸事象について、世界とその中における日本を広く相互的な視野から捉え、資料を活用しながら歴史の学び方を習得し、現代的な諸課題の形成に関わる近現代の歴史を考察、構想する」（学習指導要領解説）科目です。これに基づき、生徒たちは、「近代化」「大衆化」「グローバル化」の観点から〈世界史〉と〈日本史〉を融合させた〈歴史総合〉の教科書で学び始めました。

オランダにおける遣欧使節

本書は、これらの動きをにらみつつ、二〇一六年八月から「読売新聞オンライン」で連載中の「あたらしい『世界と日本』史」を基本に書籍化したものです。

**本シリーズ（全三巻）は、日本が「近代」に目覚める江戸末期から、欧米の近代を手本に驚くべき跳躍を重ねた明治時代、国際的に「五大国」の一つと目され、大衆の政治参加の声が高まる大正時代までの約七〇年間を、日本と世界を交差させて描いた歴史物語です。**

日本の明治・大正期は、一〇年ごとに対外戦争がありました。続く戦前昭和、日本の指導層は、世界の潮流を見誤り、独善的かつ無責任に日中戦争から日米戦争へと突入し、営々と築いてきた日本近代の遺産を失うことになりました。その深い反省の上に立って、戦後日本は非戦の歴史を歩んできました。

**近代日本が最後に暗転して破滅したのはなぜか。**ここに記した明治・大正期の世界の中の日本の歴史をたどる時、そこにヒントが見いだせるかもしれません。

この本は、日々の国内外のニュースを、グローバルな視野で捉えたいと考える一人のジャーナリストの問題意識から生まれました。高校生をはじめとして、一人でも多くの方々に楽しく読んでもらえるよう願っています。（「刊行にあたって」より）

## 「近代」の幕開け――第一巻

欧米では一八世紀後半のイギリス産業革命、アメリカ独立革命（一七七六年）、フランス革命（一七八九年）が、一般に「近代」の本格的な始まりとされます。これに対して、中国の場合はアヘン戦争（一八四〇―四二年）が出発点。日本の近代はペリーが率いる黒船の来航（一八五三年）から始動するというのが定説です。

しかし、これをアジアの遅れと見てはいけません。一八世紀初頭、中国やインドやイスラム世界では、豊かな文化と経済力をもつ王朝が栄えていました。ところが、次第に弱体化・分裂の傾向を示し、近代化によって軍事的にも経済的にも勢いを増した欧米の風下に立ちます。

「世界の一体化」が進むなか、オランダに替わるヘゲモニー（主導権）国家として登場したイギリスは、広大な植民地を従え、一九世紀中ごろには最強の帝国として、「パクス・ブリタニカ」（イギリスによる平和）の繁栄を謳歌します。イギリスは、清国にアヘン戦争を仕掛けて勝利し、香港割譲や上海などの開港を認めさせました。さらにフランス、アメリカ、ロシアとともに清国を餌食にします。

そのアジアにあって徳川日本は、「鎖国」という祖法（先祖伝来の法）を守って、独特の成熟社会・経済をつくり、「泰平の眠り」の中にありました。日本を覚醒させたのがペリーの砲艦外交でした。近代戦争の用意を欠いた幕府のサムライたちは、現実的に「避戦」を選択します。これまでモデル国家として畏敬していた清の敗北に驚愕《きょうがく》した彼らは、「前者の轍《てつ》を踏んではならぬ」と考えました。

老中首座・阿部正弘は、ペリーが持参した米大統領国書を、大胆にも世間に「公開」して世論工作にあたり、日米和親条約（一八五四年）を締結。さらに後継の堀田正睦は、通商の道を開くしかない、つまり、鎖国から開国へと一八〇度の方針転換をはかって天皇の許可を求めました。

## 「開国」という葛藤

国の外交が国内政治に跳ね返って激しい政争を招くのは、今日と変わりません。大老・井伊直弼が勅許を待たずに日米修好通商条約（五八年）の調印を断行すると、尊皇攘夷派が猛反発。井伊は尊攘派志士らを大弾圧し、その報復として桜田門外で殺害されました。京都では攘夷派の志士が跳梁《ちょうりょう》し、公武合体派や開国派も「天誅《てんちゅう》」の標的になり、新選組がこれに対抗して血の雨を降らせました。

ところが、攘夷を唱えていた長州、薩摩の両藩は、英仏米蘭の艦隊と戦火を交えて、彼我の力の差を知り、一転、開国路線に宗旨替えしました。その頃、日本と同じく国を閉ざしていた隣国の李氏朝鮮は、日本の尊皇攘夷に似た排外政策をとり、欧米列強の艦隊を駆逐していました。これは列強との国同士の戦争になりましたが、日本の場合は「雄藩対列国」の短期戦にとどまりました。これが日本と朝鮮両国の近代化への分岐点になったとの指摘があります。

浅海伸夫氏（1951-）

　日本への開国圧力は、北方のロシアからもかかります。プチャーチン艦隊の来日です。ペリー派遣が西へ西へと版図を拡大するアメリカの「マニフェスト・デスティニー」（明白な天命）の延長なら、プチャーチンの訪日は、「不凍港」を渇望するロシアの南下・東進政策の導くところでした。

　プチャーチンには幕臣・川路聖謨《としあきら》が水際立った応接をし、プチャーチンを感服させました。幕府は、川路のほか、勝海舟ら外交感覚のある開明派を抱えていました。幕府は「咸臨丸」など大小の使節団に福沢諭吉ら優秀な人材を随行させる一方、西洋文化を摂取するため、多数の留学生を各国に派遣し、反幕雄藩もこれにならいました。彼らは帰国後、啓蒙思想の普及や殖産興業の担い手として活躍します。

　近代化を急ぐ維新政府は、留学生らが一人前になるまで待てないとみると、多額の報酬を支払って、各分野で「お雇い外国人」の助力を仰ぎます。そして、一八七一年から政府の首脳陣がこぞって二年近く、米欧回覧の旅（岩倉使節団）に出ます。（後略　本文より抜粋／構成・編集部）

高校生のための
「歴史総合」入門（全３巻）
世界の中の日本・近代史
Ⅰ　日本に「近代」到来
浅海伸夫　Ａ５判　三八四頁　写真・図版多数　三三〇〇円
■続刊
Ⅱ　欧米の「近代」に学ぶ
Ⅲ　国際化と大衆化の時代
■好評既刊
入門・世界システム分析
I・ウォーラーステイン　山下範久訳
自然科学／人文科学、保守／リベラル／急進主義など、我々が前提とする認識枠組みを問い直し、新たな知を開拓してきた「世界システム論」の決定版入門書。　二七五〇円
ブローデル　地中海〈普及版〉全５分冊
国民国家概念にとらわれる一国史的発想と西洋中心史観を無効にし、世界史と地域研究のパラダイムを転換した、人文社会科学の金字塔。
浜名優美訳　各四一八〇円

〝天候〟を愛し、振り回される私たちの「感性」の歴史

# 雨、太陽そして風

## ――天候にたいする感性の歴史――

慶應義塾大学教授　小倉孝誠

### 気候の歴史から気象の歴史へ

フランス語に parler de la pluie et du beau temps という慣用表現があり、そのまま訳せば「雨と晴天の話をする」となるが、転じて「当たり障りのない話をする」「つまらない話をする」という意味で使用される。天気とその変動は、人間関係や社会生活にはほとんど影響しない二義的な話題という位置づけだろう。人間にとって天候は身近な現象には違いないが、人間が自由にできない自然現象だというかぎりにおいて、政治や社会や文化の問題とは位相が異なる。毎年、毎季節ごとに反復される現象だから、真面目な議論の対象にはならないという認識もあるだろう。

しかし、本書のスタンスは異なる。天候の変化は日常的な出来事だが、雨、風、雪、霧などの大気現象、太陽が輝く晴天、雲におおわれた曇天といった空の状態にたいして人々はどのような感情をいだいてきたのか。それはけっしていつも同じ感情ではなく、時代によって変化したというのが本書の基本認識である。編者コルバンが「気象学的な自我」と名付けるものは、少なくともフランスでは十八世紀後半から十九世紀初頭のロマン主義時代に形成されたという。天候とその変動をどのように感じ、価値づけ、表象してきたのかという問いが、こうして歴史学の問いかけとなる。

注意してほしいのは、本書で論じられる歴史が、**いわゆる「気候の歴史」とは明確に差異化**されるということだ。気候の歴史は、人類学や民族学のほかに、気象学、地理学などの自然科学諸分野の成果を融合させながら、数世紀ときには数千年単位の長いスパンにわたって気候変動の歴史をたどり、それが社会生活や経済活動にどのような影響をおよぼしてきたかを明らかにしようとする。フランスに例をとれば、**ル＝ロワ＝ラデュリの『気候の歴史』**や**『気候と人間の歴史』**（いずれも藤原書店より刊行）が代表的な業績で

ある。

それに対して本書は、**日々変化する天候あるいは天気を人々が同時代的にどのように感じてきたのかを問う感性の歴史**に属する試みである。したがって気候の歴史に比べれば短い時間軸にそって、章によって多少の違いはあるがおもに**十八世紀から現代までを対象にして、雨、太陽、風や嵐、雪、霧と靄《もや》、雷雨など具体的な気象現象ごとに章が立てられ、最終章では、そのような気象の変動を予測する天気予報への人々の高い関心とその心理的な影響が問題とされる。**

A・コルバン氏（1936-）

## 気象の多様性と意味づけ

日常的な現象であるがゆえに、普段われわれは天気の話は何気なくやり過ごしている。気象条件が気になるとすれば、それが仕事に影響したり、農産物の生育と収穫に波及したり、レジャーや学校の行事に支障を来したり、台風や豪雨が日常生活を脅かしたりする場合だろう。それでも、たとえば五十年前の昔に比べれば、天気予報はきわめて正確だし、冷暖房は整っているし、公共交通機関が整備され、車が普及しているから、われわれは気象条件の影響からかなり保護されている。とはいえそれは長い歴史の時間軸でみれば、ごく最近のことにすぎない。本書は、さまざまな気象現象を人々がどのように生きてきたかについて、興味深い証言と発見にあふれている。

## 本書の概略

十八世紀末、気象学的な感性に大きな変化が生じるという状況下で、雨が身体的な安らぎや、魂の平穏や、メランコリーの快楽をもたらすとして、雨を評価するレトリックが練りあげられていく。またフランス革命時の出来事や、七月王政期の国王ルイ＝フィリップの巡行に見られるように、国家的行事が雨のもとで展開するのは、為政者を市民に近づけ、市民たちの連帯と平等性を強めることに貢献したという。もちろん雨を嫌う態度は根強かったが、それとは異なる**雨の政治性**が意識されたのだった（第一章）。他方、雨と正反対の**晴天にしても、昔からずっと好まれてきたわけではない**。古代から中世を経て、近代初期にいたるまで、太陽光にじかにさらされるのは人体にとって有害とされていた。フランスのような温帯地方の穏やかな太陽が知的で、創造的な文明を生みだすと認識され、陽光が住居の清潔さや、人々の健康や、結核などの病への対処法として役立つとしてその効用が説かれるようになるのは、**十九世紀後半のことにすぎない**（第二章）。

**第三章**は、フランス各地の民話や伝承などの民俗学的史料にもとづいて、**風の様態と意味付け**を論じている。広い国土を有するフランス（日本の面積の一・五倍）では、**風はその特性によって土地の風土性や地域性を映しだす**。民話でとりわけ頻繁に描写されるのは荒れた海であり（嵐と海の結びつき）、風がその威力を人間に見せつける機会となる。嵐にはさまざまな意味が付与される。神による懲罰のしるしであり、自然の強大な力と人間の無力を思い知らせ、物語の主人公たちの活動を助け、冒険物語においては試練や通過儀礼の要素として機能し、ときには驚異と超自然につうじる架け橋になる。要するに、**民話における風と嵐の出来事は人生の有為転変を象徴するのだ**。

続く**第四章**は、西欧を対象にして味覚、視覚、触覚の観点から**雪にたいする感性の変貌をたどってみせる**。近代初期には雪を融かした水が愛飲され、それゆえ地中海諸国では雪の搬送と販売が周到に組織されていたこと、雪を描いた風景画は十六世紀のオランダとフランドルで成立し（ブリューゲルなど）、そこでは白い雪が無垢や純潔という宗教的な寓意性を含んでいたことを、読者は知る。

**第五章**で話題となる**霧と靄をめぐる感覚と表象**は、風や雪以上に多様だ。十九世紀半ばまで、霧は世界を暗くし、人間の活動を妨げ、危険をもたらし、農作物や家畜に害を及ぼすとして嫌悪されるのが通例だった。続いて現代人が霧についてどのようなイメージをいだいているかを、著者は二百人の成人を対象に実施したアンケート調査に依拠しながら分析する。霧はしばしば不安と悲しみをもたらす現象として捉えられ、放浪、迷宮、山や海での遭難、そして死と結びつく不吉な側面が際立つ。他方、**霧に静けさ、休息、平和の象徴を見るのは女性に多いという**。**文学においては霧が二つの世界**（現実と幻想、地と天、生者と死者）**を隔てる境界線として描かれる**。雨、風、雪に比して霧は芸術的な創造性をより豊かに刺激する気象現象であり、画家（フリードリヒやモネ）、作家（ユゴー、アルフォンス・ドーデ、ハーディ）、写真家、映画作家たちは霧とその夢幻的効果に魅せられてきた。

雨、風、雷鳴の混合体である雷雨は激

しく、突発的で、予想が難しいため、農産物や市民生活に被害をもたらすという意味で、かつては否定的に見られることが多かった。十八世紀、『百科全書』の時代とともに転機が訪れる。**科学的な探究が進み、カントやバークら哲学者によって「崇高美」が定式化されることで、雷雨に美が見いだされるようになる。**それはとりわけ絵画の領域に顕著な現象で、その後十九世紀初頭にかけてラウザーバーグ、フリードリヒ、ターナー、ヴォルフといった画家が雷雨に遭遇する旅人、雷雨に翻弄される船、雲海のなかにたたずむ人間を好んで描いた。そこには人間と世界、主体と客体、自然と神の一体化という主題が内包されている（第六章）。

現代ではさまざまな科学知識、技術、装置の進歩によって、**天候から生活への直接的な影響は小さくなっているが、それにもかかわらず天候と天気予報への関心はますます高まっている。その逆説を社会学と心理学の観点から問いかけたのが最終章である。**フランス人が天気予報に執着するようになったのは一九六〇年代、余暇と自由時間が増えたことに要因がある。そして天気予報のメディア化がその執着をいっそう煽りたてた。テレビやラジオの予報は言うまでもなく、現代ではインターネット上に熱狂的な気象愛好家のサイトまで存在し、気象の不確実性にたいする苛立ちを募らせる。地球温暖化に代表される気候変動が、そうした苛立ちをさらに増幅させていることは言うまでもない。そして悪天候にたいする耐性の弱さがさまざまな病理を生みだす。季節性うつ病（とくに冬）、季節的な情緒障害、体内リズムの乱れなどが気象と関連づけられ、それらへの対処法がカウンセリングされる時代になった（第七章）。

（後略　本書解説より／構成・編集部）


# 雨、太陽、風

天候にたいする感性の歴史

**アラン・コルバン編**　カラー口絵16頁

小倉孝誠監訳

小倉孝誠・野田農・足立和彦・高橋愛 訳

四六上製　二八八頁　二九七〇円

■好評既刊

**感性の歴史**

フェーヴル、デュビィ、コルバン　三九六〇円

**草のみずみずしさ**　コルバン

（感情と自然の文化史）小倉孝誠他訳　二九七〇円

**においの歴史**　（嗅覚と社会的想像力）

コルバン　山田登世子・鹿島茂訳　五三九〇円

二十一世紀に紹介されるマリー・ダグー伯爵夫人。久々の復刊！

# 新しい女

一九世紀パリ文化界の女王
マリー・ダグー伯爵夫人

持田明子

## 〝新しい女〟とは？

一九九一年に、ドミニク・デザンティの『新しい女』の翻訳が藤原書店から出版された。今般、三〇年を経て新版として再刊される運びとなったことは、訳者として望外の喜びである。マリー・ダグー伯爵夫人（ジャーナリスト、ダニエル・ステルン）と作曲家フランツ・リストの情熱的な生き方に焦点を当てた舞台*が作られ、一九世紀初頭に、〝新しい女〟と呼ばれたマリー・ダグー伯爵夫人が、二十一世紀の日本で新たに広く紹介されるという。

＊宝塚歌劇「巡礼の年――リスト・フェレンツ、魂の彷徨」二〇二二年六～九月公演。

一九世紀初頭のパリでは、豊かな貴族夫人が主宰する多数のサロンが有望な芸術家を支援した。ジョルジュ・サンドはショパンを、マリー・ダグーはリストを。ポーランド出身のショパン、ハンガリー出身のリストと、フランス国外からパリにやってきた若い外国人音楽家のデビューを支援するという共通性がある。二つのカップルは、サンドのノアンの館で、数か月を共に過ごしたことも知られている。ノアンの館では、多数の著名な芸術家、思想家、政治家が逗留したので、当時の〝新しい女〟たちがどのように影響を与えあったのか、興味は尽きない。〝新しい女〟たちは、優れた芸術家・文筆家であったと同時に、男女間の激しい愛情だけでなく、各々の芸術の進歩や社会正義の実現にも激しい情熱を傾け、覚悟して身を挺している女たちである。二〇〇〇年が経過する今日でも、女性の社会進出や地位の向上、社会的影響力の拡大が期待されている。政治・経済・社会など、家族の背景は当時と今日では大きく異なる

フランツ・リスト

が、〝新しい女〟の情熱をくみ取り、逞しさに学ぶべき点は今でも少なくないだろう。

## 女性たちの自立と情熱

ジョルジュ・サンドやマリー・ダグーが〝新しい女〟と呼ばれたのは、当時の社会規範にとらわれることなく、素晴らしい目的の達成に深い情熱を傾けたためである。ダグーは伯爵と離婚して、リストとのカップルは、若い男女間に結婚の形をとり、子供を育てる家庭を作って、音楽の展開と社会正義の追求に傾倒した。一〇年足らずで、その結婚の形が作用しなくなれば、離婚して、家庭を壊して、それぞれが相応しい生活様式を築いた。子供の養育にも当時の適切な配慮をしている。この離別にじめじめとした情緒は全く感じられない。〝新しい女〟は経済的には恵まれているが、職業人として自主自立を確保して、常に明確な目標への激しい情熱を燃やしたことに、今を生きるわが身を顧みると、ただただ感心するばかりである。

マリー・ダグー伯爵夫人

　現在の日本社会に置かれた女性の境遇と比べようもないが、自立を確保し、燃やすべき情熱とその対象の明確化への準備と努力については、学ぶべきところもあるであろう。今回の宝塚の公演が、どのような内容で、日本の社会にどのように浸透できるか、興味は尽きない。

（「新版への序」より）

（もちだ・あきこ／フランス文学）


# 新しい女〈新版〉

一九世紀パリ文化界の女王
マリー・ダグー伯爵夫人
D・デザンティ　持田明子訳
四六判　四一六頁（口絵一六頁）　二九七〇円

■好評既刊

〈ジョルジュ・サンド〉セレクション　プレ企画
**ジョルジュ・サンド　1804-76**
自由、愛、そして自然
持田明子
真の自由を生きた女性、サンドの目から見た一九世紀。写真・図版約一七〇点　二四二〇円

**ジョルジュ・サンド セレクション**（全9巻・別巻1）
責任編集　M・ペロー・持田明子・大野一道
1 モープラ
2 スピリディオン
3 歌姫コンシュエロ（上）
4 歌姫コンシュエロ（下）
5 ジャンヌ
6 魔の沼 ほか
7 黒い町
8 ちいさな愛の物語
9 書簡集 1812-1876
別巻 ジョルジュ・サンド ハンドブック（最終配本）
各巻二四二〇〜七二六〇円

# パリで書かれた、平成の『断腸亭日乗』

## ――『パリ日記』を読んで

文芸批評家　新保祐司

『パリ日記』全五巻のうち既刊の四巻までを二週間ほどかけて通読した。通読したといっても関心をひいた箇所を拾い読みしていったという方が正確だが、これだけの時間がかかったのは、興味深い記述がそれほど多かったからである。

全編を通じて感じられるのは、時代の坩堝《るつぼ》のただ中に立ちながら、決して揺るがない精神の姿勢である。一九九五年一月のところに、著者が、若き日にレジスタンスの闘士で『ルモンド』の創立者、ブーヴ＝メリーに「良き新聞記者の条件は何ですか」と質問したところ、「好奇心」と、一言答えたという思い出が書かれている。そして、「この言葉が新聞記者としての生涯の指針になり励ましになった。」という。

この「好奇心」は、普通使われるような程度のものではなく、筋金入りのもの（ブーヴ＝メリーは、レジスタンスの闘士であった）であり、これが国際情勢や人間に対する取材への情熱の源泉なのだ。著者の人生の美学ともいうべきものは、例えば二〇〇八年三月八日の記述に「頭痛激しい、アスピリンを買って飲む。くも膜下出血を恐れ、部屋を大急ぎで片づけて掃除。急死して、部屋が汚いとヤマトナデシコの名を汚す。」にあらわれている。この「ヤマトナデシコ」の気概が、新聞記者としての毅然とした姿勢を支えている。

パリ支局長としてとらえたヨーロッパを主とした国際情勢を読んでいると、私には、昭和一四（一九三九）年八月に、独ソ不可侵条約締結の衝撃から、平沼騏一郎内閣が欧州情勢複雑怪奇と声明して総辞職したことが思い出される。『パリ日記』に詳細に書きのこされた欧州情勢は、まさに「複雑怪奇」と言っていいであろう。

しかし、私には、この大部な日記を手に取ったとき、これは平成の『断腸亭日乗』ではないかという直観があった。そして、私は、これを「複雑怪奇」な国際情勢の「現代史記録」として読むよりも、『断腸亭日乗』的に読んだのであった。『断腸亭日乗』は、言うまでもなく永井荷風の日記文学の傑作である。副題に「特派員が見た現代史記録一九九〇―二〇二

一」とある『パリ日記』から文学者の日記を連想するのは、おかしなことではない。何故なら、この「特派員」の精神の基底にあるのは、詩人の魂だからだ。これは普段抑制されているので、鈍感な読み手は、例えば一九九七年四月四日の記述「二二時訪仏の大学先輩、Y某大教授と会食。亡くなった岡田隆彦のことなど話す。」を読み飛ばすであろう。岡田隆彦は、詩人である。そういえば、去る四月一八日に行われた本書の出版を祝う会の席で、仏文科の卒業論文は何でしたかという私の問いに対して、エリュアールと答えられたのを思い出す。

そして、その文学者気質は、永井荷風に近いように思われる。この日記に登場する数多くの有名、無名の外国人や日本人についてのスナップショットのような記述は、批評性にあふれていて秀逸である。私の印象に残ったものの一つは、一九九七年六月二三日の堤邦子の葬儀についての記述「教会で日本で何度か取材したことのある堤清二に会う。いつもは自信満々な感じだが、肩を落として寂しそう。」であった。

私が、この四冊の日記にライトモティーフとして聴いたのは、著者の上司の住田良能《ながよし》氏についての記述である。赴任の際の「上層部は反対している。ダメだったら一カ月で戻す」という独特の叱咤激励からして並みの人物ではない。その後何回も登場するが、それぞれ印象鮮やかである。そして、日記の第四巻最後の日、退社の日である二〇一一年九月三〇日の記述にも出て来るのには何か宿命的なものが感じられる。「一九時社の一階の大食堂で編集局異動の合同歓送迎会に出席。同じテーブルの近くに住田相談役。誰かが『〇〇さんが住田さんの体調はどうですか、と言っていました』というと、『**死にそうだ、と言っておいて**』と答えたので一同沈黙。」住田氏は、二年後に死去した。氏の「白鳥の歌」を太字にしたのは、詩人の深い悲しみの表出である。

（しんぽ・ゆうじ）

**パリ日記**（全5巻）
特派員が見た現代史記録 1990-2021
山口昌子
各紙誌絶賛！
A5判　各巻四八〇～八三〇頁・口絵二～四頁
各五二八〇円

# 武者小路公秀さんを偲んで

上智大学名誉教授／国際関係史
三輪公忠

上智大学に「国際関係研究所」が設置されたのは、明治「百年」を目差したが、一年遅れの、つまり一九六九年四月のことであった。上智学院理事長であったピタウ神父をも所員の一人として発足したのであった。その当時の記念写真によると創立メンバーは武者小路さんを所長とし、織完、蠟山道雄、鶴見和子、緒方貞子、それに私三輪公忠であった。その後の出版物によると、前田寿、川田侃、綿貫譲治、広瀬和子も所員に名をつらねている。

武者小路公秀氏(1929-2022)

研究所の活動が一応軌道に乗ったかと思われたころ、武者小路さんは国連大学の創立に副学長の一人としてかかわって来ていたのだが、そのまま転出してしまわれ、上智の方は、私が武者小路さんのあとを継ぐことになった。

「武者」さんが、まだ上智に在籍中であっても国際会議に出席要請があった時など、私を代りに送り出してくださった。スイス＝イタリア国境地帯のコモ湖のほとりのベラジオでの会議もその一つだった。国際政治学会として今後取り組むべき課題は「環境」と決まった。

それにしても上智大学の「国際関係研究所」を日本の、そして世界の研究者のための「クリアリングハウス」として機能し貢献できるようにと発足させた武者小路さんのビジョンと力量はすごいものだった。冷戦下のソ連の研究所との交流も制度化され、その中で客員研究員として私もモスクワの研究所に出張したことがある。そこで見聞した、ソビエトの現状は理念との乖離のはげしさが痛々しいばかりで、衝撃的であった。

熟したトマトを満載したトラックがモスクワのメインストリートを走行中であった。道路は舗装が古びて凸凹で、積荷のトマトがはげしいゆれで潰れ、トラックから赤い果汁が滔々と流れ落ちていた。社会主義経済の実態をかいま見せていた。

武者小路さんが所長として着任されたとき、所員一人一人にくださったのが、名刺大の聖母子像のイコンであった。それは、今日でも私の書斎の眼の前の壁を飾っている。

（二〇二二・七・一八）

■連載・「地域医療百年」から医療を考える　17

# 地域で共に認知症を衛《まも》る　3

方波見医院・北海道　方波見康雄

ある日の外来、受診に見えたAさん。
「どうです、深夜の来訪者は？　ネズミくんたちは、元気ですか？」
「先生ね、来訪者と言っても招かざる客人たちばかり。食堂テーブルの上にアグラをかいたり、いきなり寝転んだりする。ネズミはチョロチョロと走り回り、可愛い。でも夜中に押しかけられるので、眠れなくなりますね」。

彼が患っていたのは、こうした「幻の客人・同居人」の幻視を特徴とするレビー小体型認知症（略称DLB）、アルツハイマーとは別なタイプの認知症、発病して三年ほど経過していた。その彼が急逝したのは、この一〇日後、札幌の子息宅で心筋梗塞の急性発症のためであった。享年八一歳、元建築技師。

AさんがDLBに特有な幻視症状を訴える前に悩んでいたのは「昼間の強い眠気や居眠り、自分でも原因がわからないが、ボーッとしている」ことだった。まず家族が気付き、その家族に注意された当人も、言われればそうだなと思うようになり、家庭医である当院に相談に見えた。そして当院から「DLB疑い」の紹介状（診療情報提供書）を持参して隣町の砂川市立病院認知症疾患医療センターを受診。専門医による診察と、CTやMRI、脳波、核医学検査などを受け、最終的にDLBという診断が確定された。そして、この診断確定の根拠を示す上記の検査の画像など全てが、詳しい説明付きで、同センターから当院宛に送られてきた。そしてこの後は、同センタースタッフと当院が、共にAさんの担当医（主治医）として診療に携わることとなった。医師だけではなく、看護師や保健師、心理療法スタッフや市民ボランティアなどとも緊密に連携しあっているのが、このNPOの大きな特徴となっている。

五市五町にわたる地域に、この仕組みを立ち上げたのは「NPO法人中空知・地域で認知症を支える会」。二〇〇四年に、任意団体「中空知・痴呆症を支える会」として発足、私は当初からの発起人の一人であった。この組織の活動の目に見えない支え役は、認知症ゆえに人生のあらぬ憂き目にあった方々と思っている。

リレー連載　近代日本を作った100人　101

# 清沢満之——仏教を普遍的な場へと解き放った仏教者

藤田正勝

## 仏教を新たな視点から見直す

清沢満之の主著は一八九二年に出版された『宗教哲学骸骨』である。清沢の信仰のバックボーンは浄土真宗であったが、この表題からも見てとれるように、清沢は仏教を、そして真宗の信仰を宗学の枠内においてではなく、西洋の学問体系を踏まえた上で新たな観点から論じた。つまり、この書において清沢は、「宗教哲学」の立場に立って、広く言えば「哲学」、さらに広く言えば「学問」の立場に立って、宗教とは何か、なぜそれは存在するのか、その意義は何かなどを問おうとした。

このように清沢は西洋哲学を媒介とし、そこから改めて仏教を、あるいは仏教的信仰を見直している。そのことが清沢の仏教観に独自な性格を付与している。開かれた視野のなかで仏教を見つめていたと言ってもよい。清沢の立脚点と言うべきものはもちろん他力の信仰であったが、彼はそこに視点を固定して仏教を見ていたのではない。自力と他力、どちらか一方が正しいのではなく、両者は相支え相補う関係にあるというのが彼の考えであった。このような大きな視野のなかで彼が仏教を見つめえたこと、そして伝統から解き放たれた自由な言葉によって、たとえば有限と無限、あるいは二項同体、有機組織といった言葉によって仏教について語りえたことは、彼が哲学を媒介として思索した人であったということに深く関わっている。

## 仏教の新しい道を開く

それとともに、清沢が活躍した時代が、近代化の裏側で宗教が人間の生の基盤としての力を失いつつある時代であったということも関係している。そのなかでいかにして仏教の力を回復することができるかという問題が、清沢に喫緊の課題として意識されていた。一つの道は伝統のなかに閉じこもり、それを墨守することであるが、それが決してその回復にはつながらないというのが、清沢の考えであった。むしろ一宗派の、あるいは日本の、あるいは東洋の仏教という枠を超えて、普遍的な場へと解き放つことによって、それが可能であるというのが彼の考えであった。そのような問題意識が清沢に、仏教を開かれた大きな視野のなかで見つめなおすということを可能にしたと言えるであろう。

そして清沢のこの試みを通して、つまり、普遍的な場へと解き放とうとする試みによって、仏教は新しい道を歩み始めた。仏教の歴史のなかで清沢が占める位置、清沢が果たした役割というのは、まさにそのような道を切り開いたという点にある。

▲清沢満之（1863-1903）
明治時代の仏教哲学者、真宗大谷派の僧侶。尾張藩士の子として生まれたが、得度、東本願寺の留学生として東京大学で哲学を学ぶ。1896年、東本願寺で教学刷新と宗門改革を主唱し、一時宗門より除名処分を受けた。1899年、真宗大学の初代学監に就任、宗門に於ける人材の育成にあたった。一方、東京に信仰共同体・浩々洞を設立し、弟子たちと雑誌『精神界』を創刊、いわゆる「精神主義」の運動を提唱して革新的な信仰運動を展開した。1902年に三河の自坊に戻り、その信仰を深めていったが、1903年に亡くなった。佐々木月樵や曽我量深ら宗門の人だけでなく、西田幾多郎なども影響を受けた。著書に『宗教哲学骸骨』などがある。『清沢満之全集』全9巻別巻2（岩波書店）が出ている。

## 精神主義の運動

清沢は晩年、暁烏敏《あけがらすはや》、佐々木月樵《げっしょう》らとともに浩々洞《こうこうどう》と名づけた信仰共同体を作り、そこを拠点としていわゆる「精神主義」の運動を展開した。そこでは清沢は、学問あるいは哲学の立場に立って宗教とは何かを論じるのではなく、個々の人間が生きていく上での心のよりどころ、つまり「立脚地」を問題にした。それは自己の外にではなく、自己の内に求められるべきものであった。

なぜそれを問題にしたのか、それもまた時代の流れと深く関わっている。文明化や進歩、富国強兵を叫んでやまない当時の風潮、そして金銭を追い求め、名誉を追い求めようとする人々の態度と精神主義の唱道は深く関わっていた。そうした態度や風潮を清沢は総じて「積極主義」という言葉で呼んでいる。そして自らの立場を「消極主義」と表現している。精神主義は当時の時代の流れに対するアンチテーゼであったと言うことができる。欲望に追い立てられ、空虚な生を歩んでいるのではないかという、この清沢の問いかけはわれわれにも重い言葉として響く。

（ふじた・まさかつ／哲学）

連載　歴史から中国を観る 32

# 仏典はどう漢訳されたのか

宮脇淳子

紀元一世紀の後漢に始まり、南北朝から隋唐《ずいとう》を経て北宋まで、およそ九百年つづいた仏典の漢訳は、鳩摩羅什《くまらじゅう》と玄《げん》奘《じょう》という、旧訳と新訳を代表する二大巨頭以外にも、数多くのインド人訳経僧と、それにまさる数の漢人仏教僧が従事したことは言うまでもない。

船山徹『仏典はどう漢訳されたのか』（岩波書店）によると、漢訳は現代のわれわれが漠然と想像するよりもはるかに速やかになされた。いくつか例が挙がっているが、三世紀の西晋《せいしん》の竺法護《じくほうご》訳『正法華経《しょうほっけ》』十巻は翻訳に二十日程度しかかかっていない。五世紀初の鳩摩羅什訳『大品経《だいぼん》』と称される『摩《ま》訶般若波羅蜜経《かはんにゃはらみつ》』の一巻分の翻訳にかかった日数は九～十日程度で、訳了後の校正まで含めても十五日ほどである。

漢訳の作成には複数の人々が集まって役割を分担したが、そうした翻訳作業を行なう場所や施設のことを「訳場《やくじょう》」といった。「訳場」には二種あり、隋ごろを境に、大人数が参加した会議としての翻訳から、閉じた空間で専門家集団のみが迅速に作業する翻訳工房へと変化した。

経典講義を伴う多数参加型の代表は鳩摩羅什の訳場で、数十人、ときには千人以上の僧侶や在家信者が集う、一種の法会《ほうえ》（仏教儀礼）だった。こうした大人数による経典講義を伴う形の訳場では、分業体制はあまり細分化していない。「訳主《やくしゅ》」という訳場の主導者と「筆《ひっ》受《じゅ》」という筆記係の別があるにすぎない。

七世紀の隋唐から十世紀の北宋時代、少数の専門家集団のみによる細かな分業体制の確立した訳場では、原則として聴衆は存在しない。北宋時代の「訳経儀式」の記録『仏祖統記』によると、まず「訳主」が梵語の文を口で述べ、「証義」と「証文《しょうぶん》」の両役が誤りがないか点検する。「書字の梵字僧」が梵語を漢字で音写し、「筆受」が梵語を単語レベルで漢字に置き換え、「綴文《ていぶん》」が語順を入れ替えて有意味な漢文とする。このあと「参訳《さんやく》」「刊定《かんてい》」「潤文官《じゅんぶんかん》」が順に検討して語句の意味を確定したのである。

（みやわき・じゅんこ／東洋史学者）

連載　今、日本は　40

# 国葬―民主主義の葬送

ルポライター　鎌田　慧

　青森県六ヶ所村の庄内地区は、「満洲」から引き揚げてきたひとたちの集落だ。ここにつくられた墓地をまわって、わたしは胸を衝かれる思いにさせられた。墓碑には死亡日がおなじ家族の名前が刻まれていた。ソ連軍が入ってきたときか、それとも日本に引き揚げる途上だったのか。

　死者はいつまでも若い。幼い年齢が並んでいる墓碑は悲しい。日本の土を踏めなかったのだ。何十年かが経ってようやく生活が安定、家族が想いを墓碑に刻んだ。それをみたわたしは、当時の悲惨と家族の悲しみを想像する。しかし、悲しみは強制されるべきものではない。

　安倍晋三前首相の殺害には、驚愕させられた。家族の悲しみは想像に余りある。しかし、政府が「国民は悲しめ」とばかり、「国葬」を決定したのは、横暴に過ぎる。

　彼の死に、わたしは近畿財務局が「森友学園」の建設にあたって、国有地を破格の安値で払い下げた顛末を重ねて考える。「私や妻が関係していれば、首相や国会議員をやめる」と安倍氏が嘯いた。その言葉の重みに官僚たちは右往左往。「首相案件」だった。経過を記録した内部文書を改竄した。

　良心の呵責に耐えかねて自殺した赤木俊夫さんの死を、安倍氏の死に重ねて考える。一方は銃殺、一方は自死。政治の暗部が影を落とす。だが、ひとりの人間の死として、犠牲者の家族の悲しみもおなじなのだ。

　国葬―名誉の死。国葬―追悼の強制。それは戦争犠牲者が祀られている靖国神社を思わせる。しかし、そこには戦争の加害者――戦犯も合祀されている。その双方を悼むのは苦痛だ。あるいは、戦争被害者である朝鮮・台湾人兵士。創氏改名で名前を奪われた朝鮮人も、日本兵とともに合祀されている。

　国葬の日、会場の日本武道館付近は厳戒態勢にされ、全国で政府の号令に従って黙禱させられる。挙国一致の予行訓練。

　国家が個人の死を悼むセレモニー。国葬の強行――民主主義の葬送。

■連載・花満径　77

# 神仙境としての吉野

中西　進

熊信仰が神信仰となるプロセスは、神武天皇の足どりと一致しているらしい、という前回の考察は、さらに吉野が神仙の世界として定着していく歴史と、不可分である。

たしかに吉野は、ここが神仙の世界だった根拠をあれこれと見せてくれる。『万葉集』（巻3三八五左注）と『懐風藻』（藤原史の詩ほか）に伝えられる柘枝《つみのえ》伝説では、吉野川の漁師・味稲《うましね》が、川を流れてきた柘（山桑のこと）の枝を拾ったところ、枝は仙媛に化したという。残るタイプの仙女伝説の一つである。中国にもまた王喬《おうきょう》が鶴に乗って神仙の世界に飛び去ったという中国の伝説も『懐風藻』の吉野の詩に、しきりに詠われる（11、31）。葛野王《かどの》や藤原史《ふひと》の詩である。

また『万葉集』では「吉野はよい処だ」と天武天皇が歌ってみたり（巻1二七）、柿本人麻呂ほかが天皇の吉野行幸を賛《たた》えたりと、度がすぎるほどに吉野がほめられるのがなぜか、わたしなど、若いころは解らないほどだった。

ところがいま、熊《くま》野が神《かみ》野となった経緯を知ってみるとよく解る。彼らにとってはクマがカミになったところだし、よいところだから、クマもカミになったのだから。

そしてこのプロセスにもう一つ大事件が加わる。藤原の地にわが国最初の大都城、藤原の京が建設されたのだ。するとこの都の真南にそびえる聖山が必要となる。中国の都でいえば、終南《しゅうなん》山に当たる山だ。

事の発端は早い。秦の始皇帝が長安に都して、遠く見える終南山を「わが長安の都の玄関だ」と宣言したからである。藤原京は日本の条坊制都市の、以後の都がどれも凌駕できなかった巨大都市。その都の「闕《けつ》」が吉野だった。

クマのカミへの変身は熊野以北の山を、以後このように聖なる山へと、変身させたことになる。

いや本来、熊野以北の山が吉野だったから、カミへの変身ができたのか。この関係は、鶏と卵の関係に似ている。

（なかにし・すすむ／日文研名誉教授）

Le Monde

■連載・『ル・モンド』から世界を読む［第II期］72

# ドル箱：『星の王子さま』

加藤晴久

『ル・モンド』には「経済&企業」と総称される、三ないし四ページの経済面がある。文化面でなく、その経済面に“Le pactole royal du « Petit Prince »”と題する記事が載っていた（五月二五日付）。

一九四四年七月三一日、四四歳の老、「戦う飛行士」は偵察飛行から帰還することなくこの世を去った。以後、遺産相続の問題が生じた。

一九四七年五月二九日に結ばれた協定によって、①作品の法的所有権はシモーヌとガブリエル、二人の妹に帰属する、②作品の印税は未亡人コンスュエロと二人の姉妹の間で配分する、と取り決められた。

その後、シモーヌは独身を通したが、ガブリエルは結婚してダゲ姓になり、四人の子どもをもうけた。

他方、もともと奇矯な行動のあるコンスュエロだが、遺言で、夫の遺産の法的所有権（一九五七年、配偶者にも認められることになった）を自分の個人秘書、ホセ・マルティネーズ・フリュクテュオーゾに譲渡した。二〇一五年、この秘書の死後、その妻、マルティーヌがこれを継承した。

ダゲ一族は、これに異を唱え執拗に訴訟を起こしたが、いずれにも敗訴し、二〇一八年、最終審級である破毀院でも退けられた。

マルティーヌは二〇二一年、サン＝テグジュペリとコンスュエロの、一九三〇年～四四年の往復書簡をガリマール社から刊行した。二人の関係と、アントワーヌの女性観を知るための貴重な文献である。

また、とりわけ、今年の春、パリの装飾美術博物館で開催された展覧会に、自分が管理する、デッサン、文書を貸与した。*Le Petit Prince* の制作過程を克明に辿ることができる画期的な展示であった。二月一七日の初日以来、コロナ禍のさなかにもかかわらず一〇万人の人々が訪れた。

フランスのみでなく、このちびっ子王子は世界中の出版社のドル箱になっている。英語版は一九四三年初版以来、二〇億部！

因みに、日本語訳については乞参照拙著『憂い顔の『星の王子さま』』（書肆心水）。

（かとう・はるひさ／東京大学名誉教授）

# 七月新刊

本来左右対称であるはずの人体の左半身の形と知覚が変化する「アシンメトリ現象」

## モナ・リザの左目
### 非対称化する人類
**花山水清**

「アシンメトリ現象」は、絶滅に向かう種に見られる特徴的な現象。医学・人類学・生物学・歴史・民俗学を横断し、文明の行方を探る問題作。

四六上製　三一二頁　**二四二〇円**

【推薦】
「ダ・ヴィンチ以来の快挙！
美術家の透徹した観察眼が、
人類の見方を根底から変える！」
フジTV『グレートジャーニー』
関野吉晴（探検家・医師）

【目次】
はじめに　人類の左半身に現れた異変

**美術編　「アシンメトリ現象」から見た美術**
第1章　美術家が見つけた
　人体の「アシンメトリ現象」
第2章　ミロのヴィーナスは
　なぜ左右非対称なのか
第3章　古代アンデス文明に刻まれた
　「アシンメトリ現象」
第4章　ミイラになりたかった鑑真
第5章　モナ・リザの微笑の謎を解く
第6章　ミケランジェロの
　ダヴィデ像に隠された真実

**医学編　「アシンメトリ現象」から見た医学**
第7章　ヒポクラテスの遺言
第8章　「アシンメトリ現象」による
　発痛作用
第9章　美術家が見た
　がんの夢ものがたり
第10章　宇宙では
　いつから左が生まれたのか
第11章　非対称化する人類
おわりに　幼いころに見た世界
［附録］じぶんでわかる「アシンメトリ現象」
チェックリスト／「アシンメトリ現象」
（背骨のズレ）が原因だと考えられる症状

思想・文化・歴史から、今、多角的に問い直す。

## 復帰五〇年の記憶
### 沖縄からの声
**川満信一　編**

一九四五年春、住民を巻き込んだ壮絶な地上戦を経て敗戦、五二年に本土は連合国による占領を終えるが、沖縄ではなお米軍による統治が続いた。そして一九七二年の施政権返還から、今年で五〇年。だが、今なお、日本の米軍基地の約七〇％が沖縄に集中している。『機』好評連載「沖縄からの声」、待望の単行本化。

B6変判　二九六頁　**二四二〇円**

【目次】
はじめに　復帰五〇年に思う　川満信一

**第一章　思想のゆくえ**
沖縄から日本政治を問う　大田昌秀
沖縄と戦争　川満信一
考古学の視点から　安里 進
ハイチャースガ・ウチナー　金城 実
石垣島の現在　川平成雄
戦後沖縄の存在証明　伊佐眞一
拒否権を無くせないなら　比屋根 薫

**第二章　文化のゆくえ**
琉球文化の独自性　大城立裕
琉球の心　仲程昌徳
琉球文学と琉球語　波照間永吉
琉球の絶対平和とジュゴン　海勢頭 豊
島で生きる　安里英子
首里城、再建へ　石垣金星
琉球の抵抗のこころ　高良 勉
ニライカナイのくに、琉球　ローゼル川田
〈あいだ〉を翻訳すること、
　分有すること　仲里 効
絶対不戦の思想　川満信一

# 読者の声

## 人薬（ひとぐすり）■

▼『人薬』を、読んでいます。大変読みやすい、素晴らしい本です。藤原書店さんありがとうございます。

素晴らしい本を読んだので、感動しています。山本先生の『ひとなる』も、読んでみたいです。但し、カネが出来たらです。

頑張ってください。貴社の発展を祈っています。

藤原書店さんの本は、素晴らしい。私に、考えることを、その材料を、与えてくださいます。ありがとうございます。

（北海道　**村上直之**）

## 梅は匂ひよ　桜は花よ　人は心よ■

▼私は昭和十二年生まれの八五歳で、生まれて初めて観世流の謡の教室へ入門しました。今までの私の生涯の中で初めて謡の勉強です。何はともあれ楽しくやっており、あと何年通えるか楽しみです。

「手習いに遅きはあらず翁の志」ですよ。

（高知　旧公務員　**竹崎誠**　85歳）

## 家族システムの起源　Ⅰ　ユーラシア㊤㊦■

▼E・トッドの代表作となるべく、力のこもった上下巻であったが、続刊が出て完成するのを楽しみにしている。

ウクライナ侵攻にあたり、人類学的観点からロシアを支持する声をきいて非常に勇気づけられた。

これからも他書店が扱わない著作を出版していただきたい。楽しみにしています。

（**箕輪良行**　68歳）

## まなざし／安場保和伝　1835–99■

▼安《やす》場《ば》保和《やすかず》、この魅力溢れる人物を知るきっかけを与えてくれたのは鶴見俊輔追悼出版の『まなざし』（藤原書店）にある、曽祖父・安場保和の後述のエピソードに負うところが大きい。日本史の教科書にも載っていないこの人物をより知りたくて、『安場保和伝』（藤原書店）を一気に読破。本書の帯に「総理にも動じなかった日本一の豪傑知事。後藤新平を見出した安場保和」とある。

今や世界はコロナ禍にある。後藤新平は日清戦争後、中国大陸から二三万という帰還兵に徹底した検疫を行い防疫に成功させた人物として知られている。幼少期にこの後藤新平を発掘した人物こそ、安場保和である。安場の慧眼は称賛に値する。

時は幕末、安場保和は細川藩の下級武士の長男として生まれた。幼少期を過ごした熊本から、福島、愛知、福岡まで県令（現在の知事）として活躍。本書は任地での業績やエピソードを、10人の執筆者のリレーで安場保和の足跡を振り返り実像に迫る。

なかでも鶴見俊輔筆致の内輪話、「安場《やすば》咬菜《こうさい》管見」は、鶴見は子孫だけに安場の生きざまを余すことなく引き出して見せる。また系譜・年譜・地図・図表・写真などの即妙な掲載は、安場保和を深く知りたい読者にとりありがたい工夫だ。

高野長英、安場保和、後藤新平そして鶴見俊輔に至る、時代の転換点を生き抜いた波瀾万丈の血脈に興味は尽きない。安場保和の晩年は、貴族院議員として明治時代を生き抜いた。そして巻末付録には、細川邸に滞在した赤穂四十七士の大石内蔵助とのちに介錯の任にあたる安場保和の先祖（安場一平）との交流と、大石がこの先祖に贈った赤穂産の和蠟燭の原料櫨《はぜ》が、いまや郷里熊本が良質の櫨の一大産地となったエピソードを紹介してくれているのも面白い。今後も伝記に触れて先人の知恵に学びたい。

（鹿児島　**島崎博**　70歳）

**岡田英弘著作集 II 世界史とは何か■**

▼多くの人に再読してほしい本。

ロシアのウクライナ侵攻（2／24）とそれ以後の長期戦争状態。TVを通じてのミサイル攻撃の現実。どう受けとめ考えるべきか。一刻も早い停戦が待たれる。

そのような中、二〇二三年出版の岡田先生の著作を再読して（特に「ロシア民族とは何か」の項を中心にして）、教えられる所、大である。ソ連からロシアへの転換、各国（共和国など）の独立、民族問題の登場。簡単な問題でないことはわかるが、政治指導者らの決断、高い見識が求められる。子どもたちの生命が今日も失われているのだ。

追記。貴社の『機』を講読していつも沢山のこと教えられ感謝しています。

（新潟　通信制高校非常勤講師　**鈴木孝二**　79歳）

**世界の多様性■**

▼これまでの己の世界の転換と、多様性のダイナミズムを感じる。

（東京　**藤塚陽一**　73歳）

※みなさまのご感想・お便りをお待ちしています。お気軽に小社「読者の声」係まで、お送り下さい。掲載の方には粗品を進呈いたします。

## 書評日誌（五・二五〜七月号）

**(書)書評　(紹)紹介　(記)関連記事　(イ)インタビュー　(T)テレビ　(ラ)ラジオ**

五・二五　(記)読売新聞［映画「大地よ」完成記念上映会］（「アイヌの思い映画に」／「宇梶静江さん　半生」／「白老で上映や講演」）

(紹)琉球新報［後藤新平の会］（「短信」／「後藤新平賞に日本フィル」）

五・二九　(紹)現代女性文化研究所ニュース「生きている不思議を見つめて」

六・四　(記)東京新聞「石牟礼道子全集　不知火」（全17巻・別巻一）（「再読　あの言葉」／「水俣の痛み　患者とともに」／「近代化ろくなもんじゃなかった」／中村陽子）

(記)読売新聞「言葉果つるところ」（「五郎ワールド」／「亀鳴く声に耳澄ます」／橋本五郎）

六・六　(紹)毎日新聞（夕刊）［石牟礼道子「天の億土」「海霊の宮」特別映画上映会］（「もよおし」／「『天の億土』上映会同時上映『海霊（うなだま）の宮』」）

六・一四　(紹)東京新聞［石牟礼道子「天の億土」「海霊の宮」特別映画上映会］（「石牟礼道子作品の上映会」／小松田健一）

六・二二　(紹)読売新聞（夕刊）［後藤新平の会］（「READ&LEAD」／「2022年度『後藤新平賞』シンポジウム『後藤新平の核心を問う』開催」）

六・二四　(記)朝日新聞（DIGITAL）［後藤新平の会］（「壁画『奇跡の桜』前で日本フィルが演奏　宮城・被災地の小中学校で」／原篤司）

六・二六　(記)東京新聞「パリ日記」（全5巻）（「30年余り　フランス大統領府など取材」／「冷戦後、激動の欧州見つめ」／「パリ在住・山口さん　来日し『囲む会』」／「文学少女、仏留学…男女雇用機会均等法で特派員の道へ」／「ウクライナ侵攻『ヨーロッパの歴史と地続き』」／木原育子）

六・二七　(紹)毎日新聞（夕刊）［石牟礼道子「天の億土」「海霊の宮」特別映画上映会］／「天の億土（DVD）」（「石牟礼道子さん戯曲の舞台　DVD発売」／関雄輔）

七月号　(紹)クレヨンハウス通信「人薬」

後藤新平賞授賞式／二〇二二年度後藤新平の会

# 後藤新平の核心を問う

――後藤新平の「生を衛る道」を考える Part 5――

二〇二二年 七月五日(火) 於・座・高円寺2

## 第十六回後藤新平賞授賞式

二〇〇七年度以来、毎年開催してきた後藤新平賞授賞式も通算16回目となりました。本年度の後藤新平賞受賞者は、**公益財団法人日本フィルハーモニー交響楽団**、後藤新平賞初の団体受賞者です。

日本フィルハーモニー交響楽団

受賞は、東日本大震災後に始められた「被災地に音楽を」のプロジェクトで、被災地における継続的な演奏活動を通して、楽団員と地元の青少年との交流により若い世代の「未来への希望」を育んできたことが、後藤新平の奉仕の精神と人材育成に対する高い志に通ずるものとして、評価されたことによります。

授賞式では、理事長の**平井俊邦氏**により、被災地における演奏活動の記録映像等を交えながら、実際に日本フィルハーモニー交響楽団の団員諸氏が行ってきた演奏活動の記録と現地の青少年との交流の詳細が語られました。

## シンポジウム

毎年一回開催してきた後藤新平の会公開シンポジウムですが、過去四年間は、いずれも〝後藤新平の「生を衛る道」を考える〟を通底するテーマとして掲げ、後藤新平が生涯にわたって取り組んだ「衛生」について考え続けてまいりました。

本年度はそのパート5、この五年間の集大成として「**後藤新平の核心を問う**」というタイトルを掲げました。

シンポジウムに先立ち、まずは**田辺鶴遊師**による〈講談・後藤新平〉の演目。その条は、後藤新平が「衛生」に開眼し、日清戦争後の困難な検疫事業に立ち向かうまでの語りです。その後昨年度のパネリスト**伏見岳人氏**による「新発見の後藤新平映像（動画）」の紹介。

続く基調講演は衛生行政史の第一人者、**笠原英彦氏**による「衛生行政史上における後藤新平――コロナ禍を経験した我々は、後藤から何を学びうるか?」」。続いて、パネリストの**青山佾氏**が「都市と衛生――コロナ禍のもとで後藤新平を考える」、**片山善博氏**が「衛生と自治――後藤新平の視点でCOVID19対策を診る」、**三砂ちづる氏**が「公衆衛生と日本」、**苅部直氏**が、「衛生・倫理・国家――衛生思想と政治思想」のタイトルで問題提起を行い、それを受け、**橋本五郎氏**の的確かつ明快な司会進行のもとで、活発な議論が展開されました。（編集部）

# 九月新刊予定

＊タイトルは仮題

経済学／経済学者への批判宣言

## 21世紀の経済学批判

理論は歴史の娘である

ロベール・ボワイエ

山田鋭夫訳

二〇〇八年金融危機、二〇二〇年パンデミックから、マクロ経済学の方法論的・認識論的な脆さが明らかになった。ケインズの伝統から離れ市場万能論に陥っている現状と、専門に入り込み全体を見ない経済学者という「職業集団」のあり方を、レギュラシオンの立場から徹底的に批判。

歴史を断面で切る、初の画期的企画！

別冊『環』㉗

## 1937年の世界史

倉山満・宮脇淳子編

■**総論** 倉山満「一九三七年の世界史」

■**各論** 樋泉克夫（**中国**）／宮脇淳子（**満蒙**）／福井義高（**ソ連**）／グレンコ・アンドリー（**東欧**）／小野義典（**ハンガリー**）／宮田昌明（**イギリス**）／ポール・ド・ラクビビエ（**フランス**）／柏原竜一（**ドイツ**）／峯崎恭輔（**バチカンとイタリア**）／内藤陽介（**スペイン**）／江崎道朗（**アメリカ**）／内藤陽介（**パレスチナ**）

三つの立場の交錯から描かれる近代日本

## 加賀百万石の養子 陸軍大将・前田利為

1885-1942

村上紀史郎

〝百万石〟の加賀前田家の歴代当主のうち、唯一人、分家からの養子として家を継いだ一六代前田利為《としなり》。華族、侯爵という立場を背負いつつ、陸軍軍人として二つの大戦の現場に立ち、明治から昭和の激動の時代を生きた利為の、驚くべき交友関係と異色の業績、そして前田家の近代化に尽力した手腕に初めて迫る。

我々は「国境」問題にいかに向き合うべきか

## 東アジア国境紛争の歴史と論理

石井明・朱建栄 編

近代の戦争と植民地の歴史の遺産として、「尖閣」「竹島」など複雑な国境事情が随所に残る日本周辺と東アジア。「紛争」化を回避する繊細な外交努力の数々、過度なナショナリズムによるその動揺、そして解決への展望を、気鋭の執筆陣が描く。

感染症をめぐる思想史的問題を問う

社会思想史研究46号

## 感染症の思想史

社会思想史学会編

中山智香子／田中祐理子／藤原辰史／石田雅樹／谷雪妮／岩井洋子／入谷秀一／坂井礼文／高橋若木／山口晃人／厚見恵一郎／片山文雄／橋本直人／後藤浩子／鵜飼哲ほか。

## 8月の新刊

タイトルは仮題、定価は予価。

**高校生のための「歴史総合」入門**
――世界の中の日本・近代史（全3巻）
1　日本に「近代」到来 ＊ 発刊
浅海伸夫
Ａ５判　三八四頁　三三〇〇円

**「新しいアイヌ学」のすすめ** ＊
知里幸恵の夢をもとめて
小野有五
Ａ５判　四四八頁　三六三〇円　カラー口絵４頁

**雨、太陽、風** ＊
天候にたいする感性の歴史
Ａ・コルバン編　小倉孝誠監訳
足立和彦・小倉孝誠・高橋愛・野田農訳
四六上製　二八八頁　二九七〇円　カラー口絵16頁

**新しい女** 新版 ＊
一九世紀パリ文化界の女王
マリー・ダグー伯爵夫人
Ｄ・デザンティ　持田明子訳
四六判　四一六頁　二九七〇円　口絵16頁

**日本とアジア**
経済発展と国づくり
市村真一
Ａ５上製　四四〇頁　六八二〇円

## 9月以降新刊予定

**21世紀の経済学批判** ＊
理論は歴史の娘である
ロベール・ボワイエ　山田鋭夫訳

別冊『環』㉗
**1937年の世界史** ＊
倉山満・宮脇淳子編

加賀百万石の養子
**陸軍大将・前田利為** 1885-1942 ＊
村上紀史郎

**東アジア国境紛争の歴史と論理** ＊
石井明・朱建栄編

社会思想史研究　46号
**特集＝感染症の思想史** ＊
社会思想史学会編

**女からみた一八四八年革命**
ダニエル・ステルン
杉村和子・志賀亮一訳

**金時鐘コレクション**（全12巻） 内容見本呈
⑪**歴史の証言者として**
「記憶せよ、和合せよ」ほか　講演集Ⅱ
［第８回配本］
〈解説〉姜信子　〈解題〉細見和之

## 好評既刊書

**一九〇歳の知恵**
鮫島純子・宇梶静江

**モナ・リザの左目** ＊
非対称化する人類
花山水清
四六上製　三一二頁　二四二〇円

**復帰五〇年の記憶** ＊
沖縄からの声
川満信一編
Ｂ６変判　二九六頁　二四二〇円

**「ハイテク専制」国家・中国**
内側からの警告
王力雄・王柯
四六変並製　二四八頁　二四二〇円

**ウェルビーイングの経済**
山田鋭夫
四六上製　二八八頁　二八六〇円

〈藤原映像ライブラリー〉
**天の億土** DVD
石牟礼道子の世界
出演＝佐々木愛ほか／原作＝石牟礼道子／監督・音楽・映像＝金大偉
九一分　三〇八〇円

＊の商品は今号に紹介記事を掲載しております。併せてご覧戴ければ幸いです。

## 書店様へ

▼『**パリ日記**』著者山口昌子さんのインタビューが、6／26(日)『東京』「こちら特報部」、7／12(火)『北海道』、7／15(金)『毎日』夕刊にて掲載。7／27(水)には『日経』電子版「文化往来」にて掲載。在庫のご確認と大きくご展開を。▼7／30(土)ＮＨＫ『ラジオ深夜便』が、特集「アイヌ文化との出会い」として、アイヌの伝統文化などについて、6時間に放送。『**絵本　シマフクロウとサケ**』が朗読されました。ご展開を是非！▼『**旅館おかみの誕生**』が、『週刊文春』7／7号（酒井順子さん評）、『週刊ポスト』7／29号（井上章一さん評）に続き、7／23(土)『日経』にて森まゆみさん書評。▼『**人薬**』が、『サンデー毎日』7／17・24合併号にて武田砂鉄さん書評。▼『**ウェルビーイングの経済**』が、『週刊新潮』7／21号にて田中秀臣さん書評。▼『**「共食」の社会史**』が、7／22(金)『日経』一面コラム「春秋」にて、芥川賞受賞小説『おいしいごはんが食べられますように』に絡めて紹介。　（営業部）

『新しい女〈新版〉』刊行！

宝塚歌劇　**巡礼の年**
〜リスト・フェレンツ、魂の彷徨〜
〝ピアノの魔術師〟リストを、マリー・ダグー伯爵夫人とのロマンスを中心に描く！
【日時】7月30日（土）〜9月4日（日）
【場所】東京宝塚劇場
https://kageki.hankyu.co.jp

**知里幸恵　没後百年　召天記念会**
第13回　**シロカニペ祭**
挨拶・**小野有五**／講演・**金田一秀穂**
【日時】9月18日（日）19時開会
【場所】本郷ルーテル教会
＊要事前申込み info@shirokanipesai.com

『1937年の世界史』出版記念！
「昭和12年学会」研究発表大会
**支那事変とウクライナ紛争**
**海上知明／アンドリー・グレンコ／小泉悠 他**
【日時】9月11日（日）13時開会
【場所】TKPガーデンシティPREMIUM神保町
＊お問合せは 03-3941-6400

●〈藤原書店ブッククラブ〉ご案内●
▼会員特典は、①本誌『機』を発行の都度ご送付／②（小社への直接注文に限り）小社商品購入時に10％のポイント還元／③送料のサービス。その他小社催しへのご優待等。詳細は小社営業部まで問い合せ下さい。
▼年会費二〇〇〇円。ご希望の方はその旨お書添えの上、左記口座までご送金下さい。
振替・00160-4-17013　藤原書店


## 出版随想

▼「グレート・ネイチャー（大自然）」という言葉が、今重くのしかかっている。我々人類は、この大自然の中で生息している。大自然は、殆ど動かないゆっくりした時間の中で動いている。その中で数百万年前に誕生した人類は、自己保存のために急激な成長を遂げ、〝文明〟という武器を作り出し、自然破壊を繰り返してきた。人類に害を及ぼすものは、すべて害―、―害と名付け、排除する。最近、「共生」といういかにも響きの良さそうな言葉が闊歩しているが、大切なことは、大自然の中で生息させてもらっている謙虚さを持つことではあるまいか。

▼「グレート・ネイチャー」から「グレートジャーニー」を連想する。「グレートジャーニー」といえば、かつて医師であり探検家の関野吉晴さんのＴＶ番組があった。名前だけ記憶にあったが、最近この映像を見る機会があった。四半世紀前に、この現代文明に大胆に挑戦してきた人。殆んど文明の利器を使わず、歩きと舟と自転車で、人類が誕生したといわれるアフリカを北上し、ユーラシアを渡り、アメリカ大陸を南下してきたコースを逆に辿る旅。やってみたいと思う人は居たかもしれぬが、実践され生きてゴールした人は、人類史上、稀有に違いない。

▼この〝文明への挑戦〟を、文明社会に生きる我々はどう考えたらいいか。自然を破壊し続け、人類以外の生き物を喰い尽し、それでも足りぬと、生き物まがいの物を作り生息する現代人。かくいう拙も毎日、何を食べてるか食べさせられているか知らない。殆んど養殖された物、人工添加物、防腐剤で塗り固められた食材が、スーパーやコンビニに所狭しと並べられる。これで、大自然の中で〝共生〟といえるだろうか。

▼今人類は、何を為そうとしているのか。もうすぐ、ヒロシマ、ナガサキ、そして年中行事の敗戦の日がやってくる。メディアは七七年来、毎年このことを放送して来なかったときはなかった。しかし我々は、このヒロシマ、ナガサキの原爆、被爆の真実を、敗戦の真実を学んできただろうか。原爆、被爆（曝）の内部被爆（曝）の問題が長く隠蔽され、七〇年以上たって明るみに出されようとしている。我々が科学《サイエンス》の美名の下に、科学技術《テクノロジー》を創り出し、便利で快適な生活を送る文明社会は、我々が本当に望んできた社会だったのか。これからもこの方向に向けて走り続けていいのかが、今問われている。（亮）